긍정적 청소년 발달 매뉴얼

이현수 저

학지사

PYD(Positive Youth Development)는 성장하는 청소년이 주위의 사람들과 보다 깊은 신뢰관계를 맺고 도전적 활동을 하게 함으로써 다양한 기능(행동, 사회활동, 학교생활)의 긍정적 변화를 이루도록 도움을 주는 과학이다.

『*International Review of Research in Developmental Disability*』(2021)

예나 지금이나 부귀를 누리며 살아가는 부모든 빈촌의 부모든 바라는 것은 다르지 않다. 무엇보다도 내 자식이 건강하고 바르게 성장하여 가족, 친구, 지역사회로부터 인정받는, 사회적으로 공헌하는 지도자가 되기를 누구나 바랄 것이다. 이것은 소박한 꿈이다. 그러나 이와 같은 소박한 꿈을 이룬 부모를 우리 주위에서 찾아보기 어려운 세상이 되었다.

그 원인은 청소년의 행동문제 때문이다. 이제는 청소년의 행동문제가 가정이라는 좁은 환경에서 벗어나 큰 사회적 문제로 비화되었다. 가정에서는 부모, 형제들과 심한 갈등 속에서 생활하고, 학교에서는 친구들과 싸움질을 하고, 그들과 잘 어울리지 못해 교사로부터 불량학생으로 평가받는다. 이들은 교실에서의 학습생활보다는 놀이나 게임을 하는 데 보다 많은 시간을 보낸다. 학습 성적은 떨어지고 문제학생들과 어울려 보내는 시간이 점차 늘어난다. 결국 무단결석 일수가 늘어난다.

이들의 생활 패턴은 개인이나 그 가족은 물론 지역사회의 웰빙을 위해 개선되어야 한다. 이들은 자기 자신, 지역사회 그리고 국가를 위해 전문교육을 받은 전문가의 도움을 받을 필요가 있다. 이를 위해 여러 종류의 전문서가 서로 다른 서명으로 출판되고 있다. 그 가운데 하나가 '긍정적 청소년 발달(Positive Youth Development: PYD)'이다.

한국판 매뉴얼은 이를 바탕으로 만들어진 것으로 청소년 행동문제에 직면하는 부모, 형제 그리고 지역사회의 지도자는 물론 심리학자, 의학자, 사회사업가, 행정실무자, 경찰에게도 도움이 될 수 있다.

아프리카 나이지리아에 이런 속담이 있다. "한 아이를 키우는 데 온 동네가 참여한다." 이 매뉴얼이 우리 독자에게 청소년 행동문제를 보다 새로운 관점에서 볼 수 있는 기회가 된다면 저자는 큰 보람으로 생각하겠다.

2022년 9월
이현수

■ 머리말 _ 5

제1부
PYD의 과학 • 9

PYD의 과학 _ 11

왜 청소년(기)인가 _ 15

청소년 행동의 특성 _ 19

리질리언스와 청소년의 특성 _ 22

의료 및 진료 사회조직의 변화와 PYD의 출현 _ 24

제2부
주요 PYD 컨스트럭트 및 그 기능 • 27

리질리언스 _ 29

유대관계 _ 40

사회기능 _ 50

정서기능 _ 57

인지기능 _ 65

행동기능 _ 73

도덕기능 _ 81

자발적 의사결정 _ 89

영성 _ 97

자기효험성 _ 113

제3부
교육 · 애착 · 사회정서 학습 • 121

하브루타 _ 123

애착심과 애착이론 _ 127

애착대상의 다양성 _ 130

사회정서학습 _ 134

제4부
주요 PYD 컨스트럭트 측정 • 137

Richard Catalano의 15 PYD 컨스트럭트 _ 139

Richard Lerner의 5CS 컨스트럭트 _ 141

Peter Benson의 40개 발달항목 _ 142

■ 에필로그 _ 149
■ 찾아보기 _ 155

제1부

PYD의
과학

PYD의 과학

왜 청소년(기)인가

청소년 행동의 특성

리질리언스와 청소년의 특성

의료 및 진료 사회조직의 변화와 PYD의 출현

PYD의 과학

Reed W. Larson은 『*American Psychologist*』(2000, 55, 170-189)에 발표한 논문에서 긍정적 청소년 발달(Positive Youth Development: PYD)을 '아동과 청소년을 이해하기 위한 사회과학의 지식을 통합한 과학'이라고 정의하였다. 아동과 청소년은 성인의 축소판이 아닐 뿐만 아니라 유아의 확대판도 아니다. 그들은 독립적 이해가 필요하다. 『*International Review of Research in Developmental Disability*』(2021)는 PYD의 과학적 특징을 다음과 같이 천명하였다. "PYD는 성장하는 청소년으로 하여금 주위의 사람들과 보다 깊은 신뢰관계를 맺고 도전적 활동을 함으로써 다양한 기능(행동, 사회활동, 학교생활)에 긍정적 변화를 이루도록 도움을 주는 과학이다."

PYD는 청소년 발달에 필요한 여러 사회과학의 지식을 통합한 과학이다. 이 과정에서 전문가들은 잘못된 아동의 행동교정은 물론 청소년이 생산적 사회 구성원의 한 사람으로 성장할 수 있도록 교육시키는 데 역점을 두어야 한다. 실제 이에 종사하는 사람에게는 아동이 보다 생산적 활동에 참가할 수 있도록 격려하고 교육시키는 데 큰 역점을 두어야 한다.

UN은 청소년기의 중요성을 인식하고 그들을 평가할 연령기준을 정하였다. 청소년기는 여러 가지 규준에 따라 다르다. 가장 중요한 것이 그의 연령이나 문화적 배경에 따라 서로 다르다. UN 사무처가 정해 놓은 청소년의 연령기준이 있다. 물론 동일하지는 않다. UN 청년기금은 청소년의 연령기준을 15~32세, UNICEF와 청소년기금은 10~19세, 젊은층 기금은 10~24세, 청년기금은 15~24세, 아동관리협회는 아동기~18세, 그리고 아프리카 청년헌장은 15~35세로 정하였다.

PYD는 청소년의 성격강점 이론과 생태환경체계 이론에 기초하고 있기 때문에 이들에 대한 교육에서 긍정적 심리학과 환경생태학에 대한 전문적 지식을 가르칠 필요가 있다. 철학적 관점에서 보면 PYD는 주위 사람은 물론 사회환경과 유익한 상호관계를 형성하는 데 도움이 된다.

전통적으로 청소년은 살인, 자살, 약물오용, 성병, 무계획적 임신의 주범으로 인식되었다. PYD는 전통적인 청소년에 대한 이러한 부정적, 징벌적 태도를 수용하지 않는다. 청소년을 잘못된 인식에서 해방시키고 그들의 긍정적 발달을 촉진하는 것을 돕는 데 역점을 둔다. 청소년의 사회적 소속감, 사회성원감과 학습동기를 진작시키고, 사회적 책임감과 시민의식을 강화하고 자기 발전을 향상시키는 활동에 보다 적극적으로 참여하게 한다.

PYD는 적극적으로 최상의 인간발달을 향상시키는 데 역점을 둔다. 이는 단순히 발달심리학이나 청소년의 연령에 따른 변화를 연구하는 것 이상의 접근을 시도한다. 외모로 나타나는 변화나 위험성, 도전보다는 개인의 잠재적 기능에의 변화에 깊은 관심을 갖는다. 이 프로그램은 또한 청소년이 가지는 성격강도와 능력을 최적 수준으로 향상시키는 데 역점을 둔다.

청소년은 변화한다. 변화하는 청소년은 보다 달라진 사회과학의 통합체인 새로운 과학자의 눈으로 보아야 한다. 불행하게도 전문가들의 눈에는 성장하는 청소년에서 잠재적·긍정적 특성보다는 외현적인 부정적 특성만이 보인다. 긍정적 청소년 발달에서는 단순히 청소년의 유익한 점에만 관심을 갖는 것은 그들을 이해하는 데 도움이 되지 않는다. 이제 청소년 발달 지도에서는 그들에게 역경을 극복하고 새로운 것을 학습할 능력이 있는가를 세심하게 검토해야 할 필요가 있다.

전통적 청소년의 보호자들은 청소년에서 나타나는 학습장애, 정동장애, 반사회적 행동, 성취욕 저하, 음주·흡연, 사춘기의 행위장애 그리고 경쟁적 능력결함 등에는 관심을 가지지 못했다. 이와 같은 전통 습관은 부모들에만 한정되었다. 전문직에 종사하는 의사들도 크게 다르지 않았다. 소아과 의사는 병원을 찾아오는 청소년을 진단할 때에도 그가 주의력 결핍자가 아닌지, 아동심리학의 자기존중의 손상자가 아닌지, 트라우마와 관련되는 고립생활자는 아닌지, 또한 폭행이나 공격행동이 심한 것은 아닌지를 의심하였다.

현대 전문가를 찾아온 청소년이 위험청소년, 학습부진아 혹은 비행청소년은 아닌지를 의심하면서 진단하고 치료한다. 전문가 가운데에는 그 청소년의 문제가 유전인자에서 기인한 것은 아닌지 의심을 갖고 진단하고 치료한다. 전통적 부모의 생각과는 크게 다른 접근방법이다. 청소년의 문제를 유전인자의 산물이라 보고 전문가들은 각기 다르게 접근한다. Fritz Redl(1902~1988)이라는 정신분석자의 주장을 기초로 한 범죄정의모델에서는 예방보다는 처벌의 중요성을 강조하였다.

현대 청소년 문제 치료자와 전통적 청소년 문제 치료자들은 환자, 즉 청소년을 보는 관점이 크게 다르다. 전자는 청소년에게 세계관이 있고 탁월한 경쟁력이 있다고 생각한다. 또한 개인의 부적 행동을 치료하는 것보다 그들이 가지는 생산적 행동 가능성을 찾아 이를 신장하는 데 역점을 둔다. 청소년의 잠재적 기능을 찾게 되면 청소년의 본질을 이해할 수 있고, 그들은 자신들이 하나의 성장 세대라는 자부심을 가지고 지역사회에 보다 적극적으로 참여할 수 있으며, 자신들의 도덕적 정체성을 신장시키기 위해 현재와 미래를 위한 노력을 한다는 사실을 발견할 수 있다.

왜 청소년(기)인가

청소년기는 인생에서 중요한 시기이다. 청소년기에는 생리적·심리적·인지적 기능에 큰 변화가 온다. 청소년은 사회적 욕구가 심하다. 자신이 할 일과 그것을 수행할 방법을 결정해야 한다. 이는 삶에 있어서 중요한 시기에 수행해야 한다.

청소년기는 변화의 시기이다. 청소년기에는 급격한 변화가 따른다. 청소년은 아동도 아니고 성인도 아니다. 아동기는 지났지만 성인기에는 이르지 못한 시기이다. 청소년기는 자기가 무엇을 수행할 것인지 불분명하고 자기가 할 일에 혼란이 생기는 시기이다. 그의 순진한 행동은 '어린애' 같이 보이기도 하고 '나이에 비해 너무 성숙'해 보이기도 한다.

청소년기는 변화기이다. 이것이 청소년기에 나타나는 일반적 특성이다. 이 시기에 가치, 태도, 흥미 그리고 행동의 특성에 따라 개인의 생리적·심리적·개인적 특성에 변화가 온다. 그의 생활에 일관된 행동과 모순된 행동이 반복된다. 그래서 청소년기를 광란기라고 부른다.

청소년기는 자기중심적이고 문제를 야기하는 시기이다. 급격한 신체적·심리적 변화에 따라 청소년에게 큰 문제가 생긴다. 청소년은 독자적으로 문제해결을 시도한다. 그러나 문제는 해결되지 않고, 보다 큰 문제로 변한다.

청소년기는 정체성을 탐색하는 시기이다. 이 시기에 어떤 어려움을 겪지 않고 다음 발달단계로 발달하기 위해서는 해결해야 할 문제가 있다. 이 시기의 청소년에게 이보다 더 중요한 것은 없다. 이것이 교사나 부모가 청소년에게 성인의 길을 선도하는 마지막 기회이다. 청소년은 자신의 정체성을 탐구하고 자기 자신의 개성을 자신의 방법에 따라 개발하려고 노력한다.

청소년기는 청소년 자신에게는 현실성의 시기이다. 현실보다 이상적으로 사고하고 행동하는 시기이다. 청소년은 보다 비현실적으로 생각하며 비논리적으로 생각한다. 이는 자신의 불행을 자초하는 결과를 가져오는 수가 있다. 잘못된 이상주의적 사고는 점차적으로 소실되고, 청소년은 자기 자신, 가족, 친구를 보다 현실적으로 이해하게 된다.

청소년기는 영웅숭배와 성적 성숙의 시기이다. 청소년은 자기 자신이 영웅이라고 생각한다. 현실을 생각하지 않고 행동할 수도 있지만 하지 않을 수도 있다. 이와 같은 생각은 성적 발달에 따라 급작스럽게 나타난 현상이다.

청소년기는 감동하기 쉬운 시기이다. 청소년은 쉽게 흥분하고, 우울증에 빠진다. 때때로 만사를 다 알고 있다는 태도를 취한다. 남자는 자신은 강하고 건강하다고 생각한다. 여자는 미를 추구한다. 남녀 모두 신체적 매력과 단정함에 관심을 갖는다.

청소년기는 쉽게 성 비행에 빠지는 시기이다. 이 시기에 성적 표시는 상대방에 대해 수줍어하는 것으로 나타난다. 서로 사랑을 하게 되는 것으로 이성애 혹은 동성애의 감정이 싹트게 된다.

청소년기는 도덕적 가치와 희생의 감정이 싹트는 시기이다. 도덕심이 나타나면 청소년은 축제나 회합을 가지며 함께 즐기며 생활하고, 사회봉사를 원한다. 이는 높은 도덕적 감정의 발로이다.

한국의 청소년은 선진국의 청소년보다 일찍 사회적·법적으로 보호를 받았다. 이와 같은 사실은 역사적 기록에서 찾을 수 있다. 스위스 제네바의 국제연맹에서 청소년의 문제를 논의한 것은 1924년이고, UN에서 「아동 권리선언」이 발표된 것은 1925년이다.

우리나라의 청소년보호운동은 1920년대에 시작되었다. 이 운동을 시작한 것이 소파 방정환(1899~1932)이다. 그는 1929년에 어린이 잡지인 『어린이』를 창간하여 이를 바탕으로 청소년의 문학적 터전을 닦았고, 청소년에 대한 보호의 필요성을 강조하였다. 그는 청소년 보호를 위해 다음과 같은 주장을 폈다.

> 청소년은 성인보다 새로운 사람이다. 청소년은 성인보다 높게 대접한다. 청소년은 결코 윽박질러서는 안 된다. 청소년의 생활은 항상 즐겁게 하라. 청소년을 억압하지 말라. 삼십년 사십년 뒤진 옛사람이 삼십년 사십년 앞선 사람을 잡아끌지 말자. 남은 사람이 새사람을 떠받쳐 줄 때 그들은 보다 밝게 성장할 수 있고 무덤을 피할 수 있다.

방정환이 1930년 7월에 발표한 글에는 아동의 인권보호를 위한 이런 주장이 포함되어 있다. "싹은 위로 보내고 뿌리는 밑으로 보내자." 지금 우리는 아이, 청소년의 머리를 빌려 쓰고 있다. 그 모습을 한번 되돌아보자.

[그림 1-1] 소파 방정환

[그림 1-2] 「어린이」잡지

제1부 PYD의 과학

청소년 행동의 특성

청소년 행동에는 긍정적 특성과 부정적 특성이 공존한다. 연구
자나 치료자의 관심을 보다 많이 끄는 것은 부정적 특성이다. 이 같
은 현상은 인간행동만이 아니라 자연현상에서도 발견할 수 있다.
미국의 심리학자 Roy Baumeister(1953~)는 『*Review of General
Psychology*』(2001, 5, 323–370)에서 악한 것은 선한 것보다 더 강하
다는 사실을 입증하는 객관적 자료를 발표한 바 있다. 청소년에 대
한 연구는 미국의 심리학자 Granville Stanley Hall(1846~1924)이

[그림 1-3] Stanley Hall

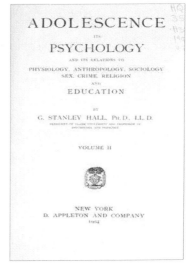

[그림 1-4] 『*ADOLESCENCE*』 잡지

시작하였다. 그는 1904년에 출간한 그의 저서 『*Adolescence*』에서 청소년의 기본 특성으로 '광란(Storm and Stress)'이라는 부정적 평가 개념을 사용했다. 이 개념에는 부모와의 갈등, 기분장애 그리고 위험스러운 행동이라는 세 가지가 표출되며, 그 외에 청소년의 특성으로는 '추종하는 권위자에게 반기를 든다.' '일어나는 기분의 변화와 심리적 스트레스 같은 정서 변화를 통제하지 못한다.' '신경학적 욕구와 정서적 미숙이 결합되어 위험한 행동을 야기한다.' 등이 있다.

그가 주장하는 개념은 오늘날의 심리학자들이 사용하는 것과 크게 다르다는 점을 유의해야 한다. 청소년에 대한 부정적 견해를 바탕으로 그들의 행동 특성을 주장한 것은 Sigmund Freud (1856~1939)이다. 그는 청소년의 발달은 초기 정신성욕발달장애의 산물이라고 주장하였다.

Freud는 물론 그를 추종하는 신프로이트학파들도 공통적으로 인간발달의 특성은 부정적 정신성욕발달의 특성에 의해 결정된다고 주장한다. 그들은 청소년의 문제는 조정 및 교정되어야 한다고 주장하면서도 개인의 병리적 측면을 강조한다. 그들은 개인의 강점을 인정하지 아니하고 개인에게는 많은 문제가 있으며 능력이 결손된 것으로 강조하는 특성을 가진다.

Freud의 성욕이론은 여러 사람들의 도전을 받았다. 청소년의 발달에서 성욕보다 사회적 환경의 영향을 크게 받는다는 정신사회적 이론가인 Erik Erikson(1902~1994)은 개인의 성격발달과정에서 사회적 관계의 중요성을 강조하였다. Karen Horney(1885~1952)는 Freud의 주장과 다른 입장에서 남성과 여성의 특성을 주장하였다.

청소년 발달 특성에는 유연성과 다양성이 있다. 이 주장이 정신분석자들과 크게 다른 점이다. Carl Rogers(1902~1987)는 정신병리현상은 정신병리가 아니고 인간이 가지는 자기존중감과 자아실현의 인간욕구 표출에 지나지 않는다고 주장하였다. 실존심리학자는 인간이 불확실성에서 벗어나 삶의 의미를 탐구하는 것이 보다 더 중요하다고 주장한다. 1990년대에 Martin Seligman(1942~)이 주동이 된 긍정적 심리학은 인간의 잠재력 향상에 역점을 둔 것으로 근대 심리학의 새로운 혁신 학문 분야로 높이 평가받는다.

행복한 삶은 자기 자신의 진정한 행복과 만족감을 느낄 수 있음을 의미한다. Seligman은 "자기 자신의 의사결정에 따라 자신의 삶을 증진시키고 행복을 추구하고 그것을 성취할 수 있는 긍정적 개체가 곧 개인이다. 청소년은 목적을 세우고 그것을 자신이 효과적으로 수행할 수 있는 개체"라고 주장한다. 긍정적 심리학이 개인의 강도를 강조하는 것과 같이 청소년에 대한 연구는 젊은 세대의 강도를 찾아 그들이 강도를 이해하고 그것을 신장시켜야 한다.

전문가에 대한 교육이 선진화되고 그들의 지적 수준이 향상되면서 청소년에 대한 진단과 치유의 기술이 크게 발전하였고 그들의 목표도 크게 달라졌다. 따라서 청소년의 불우한 가정생활을 문제 삼기보다 청소년이 갖는 잠재적 능력을 발견하여 그 기능을 향상시키는 것이 치료의 목표가 되었다.

리질리언스와 청소년의 특성

리질리언스의 특성만을 두고 보면, 청소년 가운데 직면한 역경을 성공적으로 극복하는 아이와 반대로 그것을 잘 극복하지 못하는 아이가 있다. Norman Garmezy(1918~2009)는 아동은 역경을 보다 잘 극복한다는 주장을 그의 저서 『상처받는 아동과 상처받지 않는 아동(*Vulnerable and Invulnarable Children*)』에서 강력하게 주장하고 있다. 그는 그의 피험자 가운데 전부는 아니지만 상당수가 스트레스장애를 성공적으로 극복하였다는 사실을 주장했다. Emily Werner(1929~2017)는 아동에게는 뚜렷한 역경 극복 기능이 있다는 사실을 설명하기 위해 리질리언스라는 특수한 용어를 사용했다. 나아가 Bonnie Benard는 1991년 Emily Werner의 연구결과를 바탕으로 모든 청소년에게는 잠재적으로 리질리언스의 기능이 있다는 점을 주장하였다. 리질리언스는 단순한 순응의 한 클러스터로서 모든 아이가 쉽게 습득할 수 있다. 리질리언스는 목적지향적 · 지속적 · 희망적 · 건강기대적 · 성공지향적이며, 성취동기수준이 높다. 이것이 곧 청소년의 특성 중 하나이다.

리질리언스는 외부의 위험이나 스트레스의 방패막이의 기능을 하기 때문에 개인이 직면한 어려움을 성공적으로 극복할 수 있다. 하지만 이 세상의 어려움이 그렇게 쉽게 극복되는 것만은 아니다.

개인의 저항력은 정상적인 상태에서보다 역경상태를 이기는 과정에서 더 많은 저항을 경험하게 된다.

청소년의 난국 극복은 순탄하지 않다. 그들은 이 과정에서 난국을 극복하는 방법을 습득하는 데 많은 노력을 요한다. 리질리언스의 심리적 기반은 Peter Benson 등의 연구에서 청소년이 공유하는 탤런트, 에너지의 본질이 밝혀졌다. 발달항목표는 외적 항목과 내적 항목으로 구분된다. 내적 항목은 개인이 갖는 긍정적 특성, 긍정적 자아성, 주관적 가치를 측정하는 데 역점을 둔다. 상상되는 청소년의 긍정적 발달연구자들은 청소년의 무능의 측면보다 현저히 나타난 잠재적 기능에 역점을 둔다.

의료 및 진료 사회조직의 변화와 PYD의 출현

20세기에 들어서면서 청소년에게 새로운 것을 학습시키고 발전할 수 있는 기회를 부여해야 한다는 사회적 운동뿐만 아니라 청소년을 보다 적극적으로 보호할 의무가 국가에게 있다는 사회운동이 전 세계적으로 일어났다. 이 사회적 운동에 앞장선 것이 미국사회이다. 이 운동은 우연히 일어난 것이 아닌데, 당시의 사회적 풍토가 그러한 운동을 필요로 하였다. 1950년대의 미국 사회에는 비행청소년 문제가 가장 큰 사회적 문제였다. 미국의 중앙정부는 이 문제해결을 위해 국가적 자원을 총동원하기 시작해 1960년대까지 지속하였다.

이 기간에 미국 사회는 또 다른 문제에 직면하였다. 빈곤층과 이혼 사례의 증가이다. 가족과 청소년의 문제도 큰 사회적 문제로 대두되었으며, 청소년 범죄의 형태도 크게 변화했다. 이는 보다 큰 사회적 · 국가적 문제로 확대되었다. 청소년의 약물복용, 행동장애, 학업성적의 저하, 미성년자의 임신 등이 크게 증가하면서 큰 사회적 문제로 등장했다는 사실을 발견할 수 있었다.

이와 같은 새로운 청소년 문제에 직면한 미국 정부와 전문가들은 문제해결을 위한 방법을 찾지 않을 수 없었다. 그들은 문제의 해결보다는 예방이 보다 중요하다는 사실에 집중하게 되었다. 이에 보다 효과적인 대처를 위해 연구자와 실무자들은 아동을 둘러싼 환경, 즉 가족, 학교, 지역사회, 친구집단에 대한 이해가 무엇보다도 중요하다는 사실을 발견하고 아동 개인을 중심으로 한 연구와 예방이 필요하다는 점에 의견을 같이하였다.

초기 예방 프로그램은 아동발달, 이혼과 그에 영향을 주는 요인들을 전혀 고려하지 못했다. 또한 그보다도 더 큰 문제가 있었는데, 그들은 아동의 약물오용, 성 전염병, 학교성적 저하 및 비행이 얼마나 큰 영향을 주는지 그 영향의 중요성을 전혀 고려하지 않았다.

정부, 전문가 및 실무자들은 1980년까지 특정 청소년이 가지는 단일 문제의 발견과 그 치료에 역점을 두었다. 그들은 질병 예방 문제를 전혀 고려하지 않았고 이와 같은 사회적 풍조가 시민의 비판을 피할 수 없게 되자 예방모델의 도입을 서두르게 되었다. 이들은 동시에 일어나는 여러 가지 다양한 문제행동의 일반적 요인 발견에 역점을 두고 연구를 추진하였다.

연구자들은 일차적으로 환경적 요인과 개인환경과의 상호작용의 효과가 주는 영향에 큰 관심을 가지고 추적하였다. 이러한 추세에 따라 예방전담 실무자와 이들을 뒷받침하는 예방전문과학자의 공동 노력으로 청소년 문제의 발견과 치료는 보다 큰 진전을 볼 수 있게 되었다. 이에 따라 청소년층은 보다 효과적으로 약물 사용을 피할 수 있고 보다 적절한 성행동을 즐길 수 있게 되었다.

1990년대에 들어와 실무자, 정책수립자, 예방과학자는 보다 다양한 청소년 문제 연구에 관심을 갖게 되었다. 그들의 노력으로 질병의 발달과 긍정적 행동의 원인 규명이 보다 활발하게 이루어졌다. 더 나아가서 긍정적 연구에 무작위연구, 통제실험연구가 보다 널리 이뤄졌다. 1990년대에 긍정적 청소년 발달과 예방과학이 동시에 크게 발달되면서 두 영역은 서로 큰 도움을 주고받을 수 있게 되었다.

이와 같은 의료 및 진료 사회조직의 변화운동에 힘입어 PYD의 발전은 급속도로 진전되었다. PYD의 기초 작업은 워싱턴 대학교의 사회발달 연구그룹(Social Development Research Group: SDRG) 소속의 Richard Catalano 교수를 중심으로 한 연구진이다. 그들은 1966년에 인간발달연구소(NICAD) 등 정부 건강관리 유관기관으로부터 청소년 연구를 위한 연구비를 받았다. 이 연구에 참여한 연구자들*은 청소년 연구의 필요성을 다음과 같이 요약하였다. (1) 왜 새로운 청소년 연구가 필요한가? (2) 청소년의 위험 행동이 무엇인가? (3) 긍정적 청소년들에 대한 이론적 경험적 연구가 왜 필요한가? (4) 새로운 청소년발달 연구를 통해 얻을 수 있는 것은 무엇인가? (5) 새로운 청소년발달 연구의 득과 실은 무엇인가? (6) 청소년 연구의 기존 방법과 새로운 연구방법에 어떤 차이가 있는가?

---

* 연구 참여자: Lisa Berglund, Ryan Jean, Heather Lonczak, David Hawkins

제1부 PYD의 과학

제2부

주요 PYD 컨스트럭트 및 그 기능

리질리언스

유대관계

사회기능

정서기능

인지기능

행동기능

도덕기능

자발적 의사결정

영성

자기효험성

리질리언스

리질리언스

많은 사람에게는 위험이나 도전을 긍정적으로 성취하는 기능, 즉 리질리언스가 있다. 트라우마를 극복하는 것, 위험을 회피하는 기능이 바로 이에 속한다. 일반적 특성은 위험을 극복하고 보다 성공적 삶으로 이어진다는 점이다. 리질리언스는 주위 환경이나 내적 환경에서 오는 위협에 대한 성공적인 적응기능이다.

미국심리학회는 보다 넓은 의미에서 리질리언스를 다음과 같이 정의했다. 즉, "개체가 역경, 트라우마, 비극적 사건, 위협이나 혹은 가족문제, 건강문제, 직장 내의 문제, 금전적 문제 등에 직면하였을 때 그것을 성공적으로 극복하는 과정"이다. 한편, '청소년의 리질리언스 수준이 25~84%로 증가하고 있다'는 통계 자료도 있다.

리질리언스에는 여러 가지 기능이 있다. 즉, 개인의 위험요인으로부터 그의 장점을 확인해 주는 것, 개인의 능력, 수행하는 과정과 결과, 개인이 직면한 난관이나 변화에 효과적으로 대처하는 방법, 과정으로서의 리질리언스는 통합의 과정으로 정상적 회복을 돕는 것, 불행이나 부적응 장면을 긍정적으로 극복하는 결과를 가져오는 것 등이다.

대부분의 사람은 선천적으로 리질리언스의 기능을 갖고 태어난다. 이런 기능을 가지고 태어난 아이들은 즐겁게 놀고 열심히 공부한다. 그들은 사회적 경쟁력, 동정심, 돌봄, 유연성, 의사소통의 기술 수준이 높고, 그리고 유머 감각이 뚜렷하다. 성인 및 또래와는 물론 가족이나 학교 친구들과 깊은 유대관계를 갖는다.

실제 해결능력이 높아 추상적으로 생각하고 새로운 아이디어를 가지고 사회문제의 해결에 성공한다. 중요한 문제해결을 위해 다른 사람의 도움을 받는다. 비판적 의식수준이 높아 사건의 구조를 냉철하게 분석할 수 있다. 자율성이 높아 독자적으로 문제를 해결하고 주위 환경을 스스로 통제한다. 목적의식이 높고, 교육적 야망 수준이 높아 밝은 장래에 대한 신념을 말한다.

초기의 의사들은 인간의 기능, 발달, 질병예방에 별로 관심이 없었다. 약 40여 년 전에 리질리언스는 세 가지 측면에서 본격적으로 연구되었다. 첫째, 연구는 정신병리에 대한 발달과 예방에서 이뤄졌다. 이들의 연구에서 아이들은 주위의 도움 없이도 위험한 환경에서 건전하게 성장한다는 점이 발견되었다. 둘째, 연구는 리질리언스의 과정과 순화과정 탐색에 중점을 두었다. 셋째, 연구는 성장하는 아이들에게 복지의 도움이 필요하다는 점에 관심을 두었다.

리질리언스의 발전은 여러 과학자들의 공동 작품이다. 그 발전에 공헌한 과학자 및 그들의 업적은 다음과 같다.

Manfred Bleuer(1903~1994)는 스위스 정신과 의사로서 Eugen

Manfred와 공동으로 장기간에 걸친 정신분열증 연구에 큰 공헌을 남겼다. Bleuer는 14세 소녀에 대한 체계적인 관찰을 통해서 소녀에게 용기, 강점과 같은 특성이 있다는 사실을 발견하였다. 그 소녀는 어머니가 없는 상태에서 네 형제는 물론 무책임하고 정서적으로 정신적으로 불건전한 아버지를 돌보았다. 결국 소녀는 성인이 되어 자녀를 키우면서 행복한 삶을 가졌다.

Lois Murphy(1932~2022)는 32명의 유아에 대한 종단적 연구를 통해 리질리언스는 외적 영향으로 성장발달이 크게 퇴화되고 내적 변화가 수반된다는 점에 큰 관심을 가졌다.

Irving Gottesman(1930~2016)은 정신분열증 연구에 공이 큰 심리학자이다. 그는 정신병에는 발달요인이 크게 작용한다고 주장했다. 쌍생아, 정신분열증 가족, 입양아에 대한 연구결과를 바탕으로 정신분열증 이론체계를 세우는 데 크게 공헌했다.

Michael Rutter(1933~)는 1964년 「*The Isle of Wight Study*」에서 교육적, 정신의학적 그리고 신체적 문제를 가진 장애자들에서 공통적으로 부모와의 갈등, 낮은 사회경제적 지위, 부모의 비행, 수용소 생활을 공통적으로 경험하였다는 사실을 발견하였다. 이 연구에서 그들의 정신적 장애는 두 가지 이상의 스트레스가 결합될 때 비로소 정신적 장애를 유발하는 원인으로 작용한다는 사실을 발견하였다.

Norman Garmezy(1919~2009)는 명성이 높은 임상심리학자이면서 발달정신병 과학자이다. 그는 불량한 도시환경의 출생자 200여

명을 대상으로 한 연구에서 그들이 모두 심장병이나 다른 신체적 장애자였다는 사실을 발견하였다. 그는 연구대상자들의 학업성적, 실내에서의 행동, 대인관계의 특성에서 그들의 행동제지의 원인으로 보상, 도전, 보호적 제지를 꼽았다.

Emmy Werner(1929~2017)는 미국의 발달심리학자이다. 그는 태아기의 이상, 사회경제적 지위, 가정불안, 정서적 불안이 리질리언스의 위험요인이 된다는 사실을 발견하였다. 이 결과는 그가 1955년 하와이에서 얻은 출생부터 32세까지의 피험자 200명에서 얻은 것이다. Werner의 40여 년에 걸친 성인에 대한 연구는 오늘날 리질리언스 연구의 초석이 되었다.

리질리언스와 역경

전문사전을 보면 리질리언스에 대해 개체가 질병, 우울증, 높은 역경으로부터 회복되는 기능이라고 보다 자세히 풀이하고 있다. 리질리언스는 개인의 성격, 내적 조건, 사회적 지지와 같은 기능의 상호작용에 의해서 이뤄진다.

리질리언스는 역경을 극복한 사람이 얻는 부산물이다. 즉, 위험한 환경을 효과적으로 극복한 산물이다. 불건전한 환경, 빈곤한 환경에서 출생한 사람이 정신적으로나 신체적으로 보다 건전한 성인으로 발달하는 현상을 흔하게 본다. 그 힘의 근원이 곧 리질리언스이다. 즉, 리질리언스는 개인의 긍정적 발달을 촉진하는 힘이다.

스트레스의 부정적 영향에 대응할 수 있는 기능이 리질리언스인데, 이 기능의 역동성은 매우 이해하기가 힘들다. 환경에 따라, 성격특성에 따라 그 특성이 서로 다르다. 서로 다른 사람이 동일한 스트레스를 받았을 때 그에 대한 반응은 각기 다르다. 어떤 사람은 건전하고, 어떤 사람은 큰 위협에 직면한다. 또한 동일한 사람이라도 위협을 받는 환경이 있고 그것을 성공적으로 극복하는 환경이 있다.

청소년의 생활에 미치는 리질리언스의 영향은 매우 다양하게 나타난다. 특히 청소년의 성장·발달의 심리적·신체적 특성 때문에 그에 따른 현상은 더욱 복잡해질 수밖에 없다. 리질리언스는 이렇듯 여러 차원의 도메인으로 구성되어 있다. 중요 도메인과 그 기능은 다음과 같다.

성격특성에 따라 리질리언스의 특성은 다르다. 낙관주의자는 접근지향적이고 문제중심의 극복을 시도한다. 낙관주의자는 부정적 경험을 긍정적으로 평가하고 그에 긍정적 의미를 부여한다. 이와 같은 특징은 곧 리질리언스의 신장을 촉구하는 원인으로 작용한다.

사회적 환경, 즉 학교, 이웃, 종교기관, 사회봉사단체의 특성에 따라 리질리언스의 특성들이 달라진다. 건강증진이 보장된 환경, 건전한 안정성이 보장되고 적절한 통제를 받을 수 있는 환경은 개인의 리질리언스의 수준을 향상시킨다. 이것은 가치를 인정받은 사회적 자산이다. 건전한 종교 활동은 개인의 리질리언스의 기능을 신장시킨다. 건전한 리질리언스의 신장을 위해서는 유일한 사회적 지지를 필요로 한다. 이는 개인의 불쾌감을 경감시키는 결과로 이어진다. 자유로운 정서적 표현은 리질리언스의 기능을 향상시킨다.

문화적 환경의 특성에 따라 리질리언스의 특성은 달라진다. 인간의 행동은 문화적 환경의 영향을 받는다. 이 문화적 환경은 원심성 도메인과 근심성 도메인에 의해 구성되어 있다. 원심성 도메인이 근심성 도메인보다 그 규모가 크고 그 역동성도 보다 복잡하다.

원심성 도메인에는 국가는 물론 규모가 큰 사회, 범위가 넓은 지역 등이 포함된다. 이와는 달리 근심성 도메인에는 규모가 작은 사회조직, 가정, 친구 등이 포함된다. 아이러니하게도, 이들이 개인에게 주는 영향에는 큰 차이가 없다. 국가의 영향이나 가정환경의 영향은 크게 다르지 않다. 불행한 일이지만 한 개인이 어려움이나 역경에 직면하게 되면 자기 자신은 국가의 한 구성원이라고 생각한 나머지 근심성 문화와 소원해지기 쉽다. 이와 같은 태도는 문제해결이나 역경 극복을 위해 바람직하지 못하다.

물리적 환경의 영향에 따라 리질리언스의 특성이 크게 달라진다. 환자는 가족과 함께 있을 때 가족-환자 유대관계가 보다 깊어진다. 환경의 영향은 인위적인 것에 한정되지 않는다. 자연환경이 주는 영향도 인위적 환경의 영향에 못지않게 중요하다. 인위적 환경, 물리적 환경, 자연환경 외에도 치유정원은 환자의 회복환경으로서 환자의 치유에 큰 영향을 준다. 이와 같이 리질리언스 환경은 스트레스를 경감시켜 주는 역할을 한다.

상호관계 중심의 극복은 상호 간의 관계를 유지하여 상대방의 정서적 욕구의 특성을 이해하는 데 도움이 될 뿐만 아니라 자신의 정서적 특성을 평가하는 데도 큰 도움이 된다. 하지만 지나친 사회적 지지와 마음에 없는 지나친 사회적 지지는 예측하기 어렵다.

리질리언스의 신장에 도움을 주는 요인은 어떤 것인가? 이에 대한 만족할 만한 답은 존재할 수 없다. 리질리언스를 구성하는 도메인이 복잡하고 개인의 심리적 구조가 복잡하고 큰 개인차 때문에 리질리언스의 단일 신장 원인을 꼭 하나 꼭 집어내기는 어렵다. 개인의 리질리언스 신장 기술은 그의 환경, 가정, 사회, 문화 그리고 물리적 특성을 종합적으로 분석해서 거기에서 건전한 신장방법을 찾을 수밖에 없다. 만족스러운 답은 어느 과학의 영역에도 존재하지 않는다.

청소년의 리질리언스 기능은 첫째, 서로 다른 환경에서 효과적으로 신장한다. 가장 흔하게 접하게 되는 것이 학교환경이다. 학교는 청소년의 유대관계와 경쟁력을 신장시킨다. 리질리언스는 친구들과의 유대관계의 향상은 물론 개인의 인지, 정서, 도덕심, 사회적 경쟁심, 자기효험성, 영성의 기능을 강화한다.

둘째, 리질리언스는 청소년으로 하여금 부모와의 관계는 물론 지역사회의 성인들의 생활에도 어울릴 수 있게 도움을 준다. 이를 통해 그들은 인지, 정서, 도덕심, 사회적 경쟁심, 자기효험성 및 영성의 감정을 효과적으로 형성해 나갈 수 있다. 이들은 사회적 규범을 긍정적으로 준수하게 되고 친사회적 태도를 신장시키는 것은 물론 청소년의 친사회적 리질리언스 수준을 강화시켜 나갈 수 있다.

셋째, 청소년의 과외활동은 그들의 건전한 특성을 유지하는 데 도움이 된다. 그가 어울리는 활동 및 활동 방법에 따라 효과가 크게 다르다. 당면한 문제가 복잡하거나 이겨내기 힘든 역경에 직면하였을 때에는 리질리언스 중심의 활동에 참가하는 것이 문제해결에 도움이 된다. 모험 중심의 상담도 리질리언스 기능신장에 큰 도움이 된다. 학교 상담교사와 상의하는 것도 큰 도움이 된다. 이는 청소년의 문제해결에 부모가 관여하는 기회를 만들어 준다.

개인의 리질리언스 수준은 여러 가지 방법으로 측정된다. 보다 객관적인 측정을 위해서는 다음과 같이 표준화된 방법을 활용하는 것이 바람직하다.

- 가족기능 측정: 가족기능의 특성은 *McMaster Family Assessment Device*를 사용해서 평가한다. 이는 (1) 문제해결능력, (2) 의사소통, (3) 역할, (4) 감정상태, (5) 감정소통, (6) 행동통제, (7) 일반기능 등이다.
- 아동평가: 2~5세 아동의 리질리언스 보호요인의 특성을 평가하기 위해 *Devereux Early Childhood Assessment(DECA)*를 사용한다. 리질리언스 기술습득 상태를 평가하기 위한 DECA의 문항은 보호요인과 행동특성이라는 두 가지 차원에 따라 배열되어 있다. 만일 이 수준이 낮으면 보호요인의 기능이 낮은 것으로 학교나 가정에서 위험이나 곤란한 문제에 직면하였을 때 그에 적절하게 대처할 수 있도록 리질리언스의 기능을 신장시킬 필요가 있다. *DECA*는 아동의 정신건강 프로그램의

한 부분으로 활용할 수도 있게 연구개발된 것이다.

리질리언스 요인과 학령기 이전 아동의 정신건강 상태를 점검하는 데 *Devereux Early Childhood Assessment Clinical Form(DECA-C)*을 사용한다. *DECA-C*는 *DECA*를 바탕으로 개발된 아동의 정서의 특성을 측정하기 위해 연구개발된 것이다. 이 검사 결과는 문제치료계획을 세우는 데 필요한 참고자료를 제공한다.

• *Resilience Scale*(RS): 이는 리질리언스의 특성을 가장 정확하게 평가할 수 있는 척도로 25개 문항으로 구성되어 있으며, 개인의 능력과 자아수용성을 측정한다.[*]

리질리언스의 치료

청소년에게는 위협이나 곤경을 피하는 것보다 그에 스스로 직면하게 하는 것이 보다 유익하다. 전통적 치료자들은 부정적 행동을 노출시키는 데 역점을 두었으나, 리질리언스 치료자들은 부정적 행동을 변화시키는 데 역점을 둔다. 부정적 행동을 단절시키는 것이 가장 효과적인 치료방법이다. 리질리언스 치료에서 피치료자의 발달수준을 고려하는 것이 무엇보다도 중요하다. 실제 치료에서는

---

[*]Ahern, N., Kiehl, E., Sole, M., & Byers, J. (2006). A review of instruments measuring resilience. Issues in *Comprehensive Pediatric Nursing, 29*, 103-125.

개인수준, 가족수준, 사회환경 교정에 역점을 두어야 한다.

- 개인수준 치료: 자기 자신이 실제 위협이나 역경에 직면하기 전에 자기 스스로 극복 기술을 향상시킬 필요가 있다. 자기 스스로 1:1로 현실에 부딪혀 극복해 나간다. 이를 위해 ① 친구에 대한 사회적 기술을 습득한다. ② 건강증진에 대한 자기 효율성을 진작시킨다. ③ 지역사회 활동에 적극적으로 참여한다. ④ 학업기술을 습득한다.

  *Resourceful Adolescent Program (RAP)*은 청소년의 극복 기술 향상을 위한 프로그램으로 참여자의 특성을 지지한다. 이는 스트레스 통제를 위한 기술 향상, 타인과의 대인관계 형성에 큰 도움을 준다.

- 가족수준 치료: 청소년에게 가족은 일차적으로 사회적 지지의 수단이 된다. 긍정적인 부모-자녀 애착관계는 부모 애정관계에 있어서 매우 중요한 의미를 갖는다. 개인의 기능을 향상시키는 데 여러 가지 형태의 가족중심의 치료가 필요하다.

  *RAP*는 아동의 치료에 부모가 참가하고 부모의 치료에 아동이 참가하는 것은 바람직한 치료의 기술이다.

- 사회적 환경 치료: 청소년에게 학교환경과 보다 넓은 사회적 환경은 필수적이다. 이는 아동의 리질리언스 기능 신장에 큰 도움을 준다. 아이들은 이런 환경에서 친구를 돕고 교사와 보다 친밀한 대인관계를 형성할 수 있다.

Responsive Advocacy for Life and Learning in Youth (RALLY) 는 연구중심의 치료기법으로 청소년이 학교생활에서 성적을 향상시키고 대인관계의 향상을 경험하는 프로그램이다. 이 프로그램은 아동의 일상경험을 통해 부적응 행동을 예방하고 더 나아가 치료할 수 있도록 부모가 직접 교실이나 학교에서 봉사하는 제도이다. 보다 광범위한 사회환경도 이에 속한다. 이웃, 종교시설이 아동의 심리 사회적 발달에서 큰 역할을 담당하게 되며, 비징벌적 사회환경과 보호시설은 아동의 리질리언스 기능 향상에 큰 도움을 준다.

청소년-교사역할 프로그램

리질리언스의 신장을 위한 프로그램 수행과정에서 청소년 자신이 하나의 교사역할을 한다. 이것이 청소년-교사역할 프로그램이다. 청소년기는 인지적으로나 정서적 기능이 왕성한 시기이다. 청소년에게 교사의 역할을 부여함으로써 그들은 대인관계를 습득해 나갈 수 있다. 청소년은 교사역할을 통해 자신의 교육의 역할을 스스로 경험해 볼 수 있다. 이 모델에 대한 경험적 자료를 보면 청소년과 교사에게 모두 유일한 변화를 보장한다는 점을 알 수 있다. 불행하게도, 모든 연령층의 신장 프로그램으로는 활용할 수 없다. 따라서 이 모델을 기반으로 한 리질리언스 신장 프로그램에서는 교사와 청소년의 이야기가 보다 깊이 고려되어야 한다.

유대관계

유대관계

성장하는 청소년은 가정에서는 부모 혹은 양호자, 학교에서는 친구는 물론 교사와의 유대관계 속에서 생활한다. 이 유대관계는 성인 부부간의 낭만적 유대관계로 이어진다. 이 유대관계는 어디서 어떻게 형성·발달되는가?

개체는 환경과 깊은 유대관계를 유지함으로써 생명을 유지할 수 있다. 개체가 생존하고 있는 곳이 환경이고 환경은 개체를 매개로 생존한다. 개체와 개체가 어떻게 상호작용을 하는가? 그 관계를 연구하는 학제간 연구 분야가 환경심리학이다. 환경심리학은 인간이 어떻게 환경변화에 관여하는가, 또한 환경은 인간 변화에 어떤 작용을 하는가를 체계적으로 연구하는 과학이다.

환경심리학의 역사는 1960년대에 시작되었지만, 그 명칭은 인간행동과학, 인간요인과학, 생태학적 과학, 인지공학 등으로 여러 차례 변화를 거쳐 오늘에 이르고 있다. 환경이라는 용어는 자연환경, 사회적 환경, 학습환경, 정보환경 등 여러 가지 기능이 내포되어 있다.

환경과 인간의 관계를 표현한 낭만파 시인 William Wordsworth

제2부 주요 PYD 컨스트럭트 및 그 기능

(1770~1850), Samuel Coleridge(1772~1834)는 인간이 환경과 어떤 관계가 있는가에 깊은 관심을 가지고 있었다. Charles Darwin (1809~1882)은 진화과정에서 환경이 어떤 역할을 하고 있는지를 몹시 궁금하게 여겼다. 최초로 환경심리학을 언급한 Willy Hellpach (1877~1955)는 그의 저서 『지구심리학(Geopsyche)』에서 태양과 달이 인간행동에 주는 영향을 다루었다.

Roger Barker(1903~1990)와 James Gibson(1904~1979)은 인간의 지각과 행동의 관계를 연구하는 과학을 주도하였다. 이들은 인지과학을 기초로 한 지각의 개념을 수용하지 않는 것이 특징이다. Roger Barker는 인간행동의 특성은 주어진 사태에 대한 지식이 없이는 이해될 수 없다고 주장하였다. 그렇기에 한 개인의 행동특성은 그가 속해 있는 학교, 교회, 직장에서의 행동을 통해서만 정확하게 이해될 수 있다.

James Gibson은 개체의 행동특성은 그의 환경에서 일어나는 행동관찰을 통해 보다 정확한 정보를 얻을 수 있다고 보았다. 그는 환경이 유기체의 행동에 미치는 영향에 깊은 관심을 가졌다. 이에 대한 설명을 위해 인간과 동물은 생태학적 환경에 대한 어떤 체계를 유지하고 있다고 주장하였다. 환경과 유기체 간에는 어떤 인식론적 관계가 있다. 어떤 아이디어를 얻기 위해서는 머릿속에 있는 것이 무엇인가보다 무엇이 머릿속에 있는가를 탐색해야 한다. 지각은 감각보다 정보를 바탕으로 이뤄져야 한다.

생태학적 이론체계는 Albert Bandura의 사회학습이론과 Levy

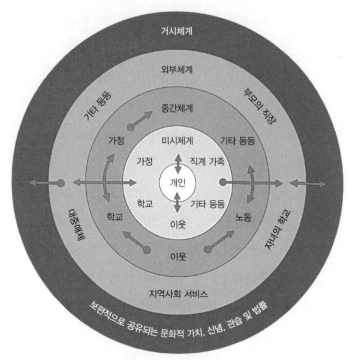

[그림 2-1] 생태학적 체계이론 모델: 다이어그램

출처: https://images.app.goo.gl/QF6RukMPuuwtGrkR6

Vygotsky의 사회문화적 이론을 바탕으로 한 발달이론체계로서 개인의 발달은 환경의 내적·외적 기제에 의한 영향을 크게 받는다는 점을 강조한다. 이론을 체계화한 것은 러시아계 미국 발달심리학자 Uri Bronfenbrenner(1917~2005)이다. 그는 개인의 발달 환경은 다섯 가지의 생태학적 체계 구조에 의해 결정된다고 하였다.

이 다섯 가지 체계 구조는 서로 영향을 주고받으면서 개인의 발달을 추구한다. 주요 생태학적 체계 및 그 기능은 다음과 같다.

제2부 주요 PYD 컨스트럭트 및 그 기능

거시체계는 아동이 거주하는 지역으로서 성장하는 아이들의 발달에 큰 영향을 준다. 이 지역은 지형, 경제, 빈곤, 민족 집단에 따라 크게 다르다. 이 집단의 세대 간에도 새로운 것을 발전시키는 것은 크게 다르다.

외부체계는 아동이 배제된 사회환경 간의 연결체계이다. 집에 있는 아이는 부모의 영향을 받는다. 밖에서 일하는 아버지는 많은 보상을 받으며 승진의 기회도 얻는다. 여기서 아동과 아버지 사이의 갈등이 심화되면서 그들의 행동특성은 더 큰 부정적인 변화로 이어진다.

중간체계는 미시체계와 깊은 관계를 갖는 체계로서 가족과 교사, 아동의 친구와 가족을 포함하는 체계이다. 부모, 교사, 학교 친구와의 관계가 좋으면 긍정적 발달의 기초가 된다.

미시체계는 아동발달에 직간접으로 영향을 주는 체계로서 가정, 학교, 교회, 이웃, 친구 등이 이에 포함된다. 부모의 온정적 양육태도는 긍정적 발달의 바탕이 되나 냉정한 태도는 부정적 발달을 초래한다.

개인은 환경에서 일어나는 사건은 사회적·역사적 변화를 수반한다. 특히 이혼이 아동발달에 주는 영향은 매우 크다. 이혼이 아동에게 주는 영향은 1년 후에 가장 크게 나타난다. 또한 이혼 후 30년이 되면 생활의 수단을 찾는 경우가 많다.

Urie Bronfenbrenner는 자신의 생태학적 체계이론을 수정하여 새로운 모델을 내놓았는데 그것이 생물생태학적 모델이다(1994). 수정한 모델에서 그는 발달의 기본과정에 보다 많은 관심을 기울였다. 그는 개체가 환경에서 지속적으로 갖는 상호작용이 개인의 발달에 보다 큰 영향을 준다고 주장하였다. 개인의 발달은 개인이 점진적으로 외적 환경과 상호작용을 지속함으로써 촉진된다. 그러므로 발달에 미치는 기본적 과정을 이해하기 위해서는 개인 및 개인에 미치는 결과를 주의 깊게 관찰할 필요가 있다.

유대관계와 긍정적 청소년 발달

성장하는 유아는 부모 혹은 양육자와의 안정된 애정관계를 갖기를 원하지만, 청소년은 자신의 자립에 필요한 안정과 독립된 존재로 인정받기를 원한다. 이 욕구충족을 위해 그들은 사회적 유대관계는 물론 비사회적 유대관계를 형성해 나간다. 여기에는 개인의 문화적 신념, 가치, 전통과 같은 요인이 큰 영향을 준다. 이러한 유대관계는 안정된 유아-부모 관계를 형성해 줄 뿐만 아니라 그들의 정신적·신체적 건강에도 큰 도움이 된다.

발달단계에 따라 서로 다른 유대관계가 형성된다. 그 초기에는 친구 간의 유대관계가 형성되고, 소년기에는 사회적·문화적 가치의 유대관계가 형성된다. 그리고 사춘기 후에는 배우자와의 낭만적인 유대관계가 형성된다. 환경과 청소년의 사회적·인지적 기능의 발달과정에서 친구와 교사와의 유대관계는 부모와의 유대관계로 변한다. 청소년의 부모로부터 도움을 받기를 원한다. 청소년의 부모, 친구, 교사와의 유대관계는 그의 성격발달에 큰 영향을 준다.

부모-아동의 최초의 유대관계는 개인의 대인관계 특성을 결정한다. 청소년기에 경험한 안전한 부모-자녀 관계는 이후 성인생활의 안전성을 보장한다. 부모의 자신감, 자기이해, 자아제어, 사회적 기능이 건전할수록 아동의 문제해결 능력이 높고, 좋은 대인관계를 가질 수 있다. 성장함에 따라 애착의 대상이 친구와 교사로 바뀌어도 부모와의 유대관계는 변하지 않는다. 청소년기의 건전한 가족관계는 그들의 자율성, 독립성, 성격, 정신건강에 긍정적 영향을 준다.

부모의 자녀양육 방식에 따라 청소년의 사회적 성실성의 특성이 결정된다. 즉, 부모의 건전한 양육은 아이의 건전한 가치와 도덕성 발달의 기본이 된다. 그것이 부모의 육아욕구이다. 부모는 자신의 바람직한 가치와 도덕성을 후세에게 넘겨주고 싶어 한다. 부모와 자녀와의 애착관계의 특성에 따라 청소년의 행동특성이 결정된다. 즉, 부모와 자녀의 애착관계가 좋을수록 자녀의 학업성취 능력이 높고, 주체의식이 강하고, 자기존중감의 수준이 높으며, 사회적 경쟁력이 강하고, 성공적 정서적응력의 수준이 높다.

일반적으로 성장하는 청소년은 친구를 통해 여러 가지 도움을 받는다. 친구와 친절감을 경험하기도 하고, 보다 건전한 사회생활을 즐길 수 있다. 그러나 긍정적 유대관계가 반드시 긍정적인 관계로 이어지지는 않는다. 오히려 그것이 개인성장에 유해한 결과로 이어지는 경우도 있다. 긍정적 유대관계 때문에 부정적 결과로 이어지는 사례도 있는데, 친구들과 어울리지 못하기도 하며 친구들로부터 이유 없이 구타당하기도 한다.

학교환경의 질은 학생의 유대관계의 질을 좌우한다. 특히 교사의 자질이 무엇보다 중요하다. 교사의 자질이 높고, 위엄이 있고, 학구열이 높을 때, 학생은 교사와 높은 유대관계를 형성하고 싶어 한다.

이러한 학교환경과 깊은 유대관계를 맺은 학생은 모범학생으로 인정을 받는다. 즉, 학교와의 만족한 유대관계는 건전한 행동의 원천이 되고 문제행동을 예방해 준다. 이와는 달리 유대관계 형성에 실패한 학생은 학교생활이 부실하고 성적도 크게 떨어진다.

청소년과 교사의 관계는 건전한 청소년의 발달을 촉진한다. 긍정적 교실 분위기와 예민한 교사와의 유대관계는 청소년의 긍정적 발달을 촉진한다. 이러한 교사는 바람직한 청소년의 친사회적 행동을 신장시키고 반사회적 행동을 예방하는 데 크게 도움이 되며, 교사와 청소년의 긍정적 발달을 촉진하는 데도 큰 도움이 된다.

청소년 학습장애의 정도는 학생의 정신적 건강과는 무관하나, 그가 속해 있는 학교에 대한 신념은 그의 성장에 주는 영향이 크다. 자신이 학교에서 공정한 대우를 받고 있고, 친구들과 밀접한 관계를 맺고 있으며, 교사와 친근한 관계가 있다고 생각할 때, 청소년은 정서적 안정감을 얻을 수 있고 학교생활에 보다 잘 적응할 수 있다.

청소년이 경험한 아동기 및 청소년기에 경험한 대인관계의 특성에 따라 그의 평생 생활특성이 결정된다. 부모-자녀의 사랑, 형제

간의 사랑, 아동기 및 성인기의 우정, 배우자와의 관계의 특성이 이에 의해 결정된다. 청소년의 낭만적 관계는 보다 일찍 형성된다. 개인이 경험한 초기의 낭만적 경험은 개인의 자아발달에 긍정적 영향을 주고, 더 나아가 바른 대인관계를 형성하여 그것을 평생 유지하게 한다.

청소년기에 경험한 낭만적 사랑의 감정은 성인기의 결혼생활에도 큰 도움을 준다. 청소년의 낭만적 관계는 여러 단계를 거쳐 형성·발달된다. 첫째 단계에서는 자신이 이성과의 낭만적 관계를 가질 수 있는지를 점검해 본다. 둘째 단계에서는 자신이 낭만적 관계를 다른 대집단의 친구로부터 승인을 받을 기회를 얻는다. 셋째 단계에서는 낭만적 관계는 보다 인간적이어야 한다고 생각한다. 그리고 넷째 단계에서는 장기간의 유대관계를 유지하기 위해서는 정신적 친근함이 필요하다고 생각한다.

또한 청소년의 사랑은 친근함, 유대성 그리고 연결성을 거쳐 성숙한다. 청소년의 열정은 자기존중감, 순종과 같은 기분을 유발한다. 이는 의사결정과는 다른, 사람과 사랑을 맺고 그것을 유지하는 기능이다.

청년기의 데이트는 보다 긍정적 관계형성에 큰 도움이 된다. 다른 사람과 보다 친근한 관계를 유지하는 사람은 어느 환경에나 보다 잘 적응한다. 부모의 사랑을 경험한 청소년은 보다 쉽게 그리고 오랫동안 낭만적 관계를 유지할 수 있으나, 부모와 적대적 애착관계를 가진 청소년은 일반적으로 낭만적 생활을 즐기지 못한다.

청소년의 유대관계 형성

청소년기에 맺은 친구, 가족, 그리고 지역사회의 성인과 맺은 성숙한 유대관계는 개인의 심적 안정감을 향상시키며, 그것은 자신의 평생 생활에 긍정적 도움이 된다. 유대관계는 여러 가지 환경, 즉 건전한 가족, 학교, 지역 공동사회에서 형성되고, 이는 의미 있는 부모-자녀 관계, 친구와 의미 있는 관계를 형성하는 데 크게 도움이 되며, 불건전한 부모-자녀 관계를 건전한 관계로 변화시킨다.

학교와 같은 지역사회의 공공시설에는 청소년의 불법행동, 부도덕적 행동을 예방하는 기능이 있다. 청소년은 자신의 유대관계를 좋은 환경에서도 유지하고 보다 균형이 잡힌 관계로 향상시키려고 한다. 가족, 친구, 성인과의 원만한 의사소통은 보다 건전하고 친밀한 관계를 유지할 수 있게 한다. 지역사회에서 성인과 유대관계를 형성하기 위해서는 성별이나 문화 혹은 장애와 같은 의미 있는 차이를 접할 기회를 갖는 것이 필요하다.

청소년에게는 친사회적 가치와 도덕에 기반을 둔 규칙이 필요하다. 친사회적 행동은 사회적 단위, 가족, 친구, 지역사회와의 유대관계가 필요하다. 하지만 불량 청소년과 유대관계를 맺는 것은 바람직한 삶을 해치기 쉽다. 긍정적 청소년 발달 프로그램에는 자기효험감을 증대시키고 불량한 환경의 아동의 행동을 정화시키는 기능이 있다.

성장하는 청소년은 여러 가지 방법으로 자기 성장에 필요한 자원을 얻어 축적한다. 그들은 부모, 교사, 지역사회의 성인을 통해 신체적 · 심리적 · 정서적 기술 습득의 정보를 얻을 수 있다. 아이들은 문화의 특성을 습득하고 의사소통의 기술도 쉽게 습득하며 주위 사람들과 의사소통을 하면서 바람직한 신뢰, 동정, 수용, 정서적 안정을 얻게 된다. 특히 외향성과 같은 성격특성은 유대관계 형성에 긍정적 영향을 주기 때문에 많은 사람이 동경한다.

사회기능

사회기능

사회기능은 개인이 사회적응에 필요한 사회적·정서적·인지적·행동적 기술이다. 사회기능은 사회적 기능, 사회적 의사소통, 그리고 개인 간의 의사소통의 기술을 의미한다. 개인의 발달과 관계되는 사회기능은 사회적 동기, 사회적 능력, 기술, 습관 등을 포함한다. 그런데 한편으로 사회기능은 장애받기 쉽다. 이 장애는 청소년 면접, 행동관찰, 부모의 행동관찰보고, 자기보고, 사회측정법, 그리고 교사의 행동관찰에 의해 교정된다.

신생아의 애착심은 개인의 사회적 발달에는 물론 여러 가지 사회적 기능의 발달에도 큰 도움을 준다. 이는 곧 사회기능의 발달로 이어진다. 유아기의 애착에는 안전감, 불안회피, 불안극복에 도움이 되는 기능이 있다. 안전애착을 경험한 아이는 부정적 변화를 효과적으로 극복한다. 청소년의 사회기능은 여러 가지 방법으로 신장시킬 수 있다. 안전애착은 긍정적이고 건전한 대인관계를 형성시키고, 기존의 대인관계의 갈등을 효과적으로 해결하며, 확실한 자아정체감과 국가정체감을 형성시킨다.

시민권의 발달과 평가

개인의 시민권 의식은 다음과 같은 단계를 거쳐 점진적으로 발달한다.

제1단계: 규칙준수

Erik Erikson(1902~1941)의 심리사회적 발달이론에 따르면, 청소년은 가정에서 주도권을 쟁취하려는 욕심이 강하다. 청소년은 이 단계에서 장기간 주도권이 쟁취되지 않으면 죄의식을 느낀다. 이 시기의 청소년은 학습을 통해 근면 감각을 발전시켜 나가는 경향이 있다. 지식적으로 근면 감각을 성취하지 못하게 되면 열등의식에 사로잡히게 된다. 이 시기의 청소년은 가족 및 친구와의 상호작용을 통해 분명한 사회적 자아를 개발해 나간다. 이 시기의 청소년은 집단 내에서 규칙을 습득하려는 욕심이 강하다.

청소년들의 규칙 습득의 목적은 사회적 규범을 준수함으로써 우월감을 가지게 되고 더 나아가서 보상을 받는 데 목적이 있다. 이들은 스스로 사회적 규칙을 학습하고 집단의 규칙에 순종해야 한다고 생각하는데, 여기에는 집단에의 동조 그리고 자율성의 두 가지 요인이 포함되어 있다.

제2단계: 소속과 집단동조

청소년은 집단 내에서 사회적 규칙을 지키는 것이 개인과 집단

간에 긍정적 관계를 형성하는 데 필요하다고 생각한다. 청소년은 집단(가족, 종교집단 등)과의 생활을 선호한다. 이들은 자신이 속한 집단 성원에게 도움을 주고 싶어 한다. 이 발달단계의 주 과제는 긍정적 주체를 형성하고, 특히 가족과의 유대관계를 형성하는 것이다. 가족과 유대관계를 형성하는 것은 보다 진전된 사회적 기능의 발달로 이어진다.

이 사회화 기능은 청소년의 발달에 긍정적 영향을 준다. 이 단계의 청소년은 친구 및 부모와 긍정적 유대관계를 유지하는데, 비행 문제로 사회적 문제를 야기하는 것은 매우 드물다. 이 단계의 청소년은 자신의 감정으로 다른 사람의 감정을 이해할 수 있다.

제3단계: 사회적 양심과 국가정체감

이 단계로 발달한 청소년에게서는 완벽한 사회적 주체성을 발견할 수 있다. 주요한 것으로 성역할 주체성, 직업 주체성, 종교적 주체성, 국민 주체성이 포함된다. 이 단계의 청소년은 사회적 규범을 습득하는 것, 노약자를 보살피는 것을 보람 있는 일로 생각한다. 이것은 그가 삶의 권위를 유지하는 데 필요한 조건이 된다고 생각한다. 노약자의 복지와 인권을 최우선으로 고려한 이 시기의 청소년은 여러 부류에게 도움을 주는 것에 관심이 많은데, 이것은 사회적 교환을 위한 것이 아니라 삶에 대한 존중을 위한 욕구라고 생각한다.

청소년은 자기 나라의 국민, 자기 지역사회의 시민을 특별히 사랑하는 경향이 있다. 이것은 그들의 역사, 문화, 전통, 가치를 존중

제2부 주요 PYD 컨스트럭트 및 그 기능

하는 것으로 국가정체감 형성에 있어서 매우 중요하다.

이 단계의 청소년은 주위의 문제를 자기가 속한 지역사회 관점에서 사고하고 논쟁하는 것을 선호한다. 자기 나라, 자기 지역사회의 복지 문제를 논하는 것이 사회 상호작용의 주제가 되어야 한다고 생각한다.

이 단계에 도달하기 위해서는 역사 교육을 통해서 국가의 정체성을 발전시키고 사회조직을 존중하게 해야 한다. 또한 평화와 우정의 가치를 존중하고 다른 나라와 관계를 증진시키는 일이 역사 교육을 통해 강화되어야 한다.

제4단계: 세계적 관점과 세계시민

국가적 정체성과는 대조적으로 이 단계에서는 국가 간의 경계를 타파하고 세계시민의식을 발전시키는 데 역점을 두어야 한다. 시민권에는 다섯 가지 속성이 있다. 여기서 이 속성들을 세계적 시민의 속성을 평가하는 데 적용해 보고자 한다.

- 세계적 주체의식을 고양시키기 위해 자국적 주체감과 애국심은 물론 다국적 주체감과 세계시민권을 향상시켜야 한다. 그리하여 자신의 소속일 뿐만 아니라 이 세계에 속한 존재가 되어야 한다. 후진국의 장애인을 보호하고 동정심을 베풀어야 한다.
- 인권을 부여해야 한다. 세계의 모든 사람에게는 자유롭게 말을 하고 행복을 추구하는 기본적 자유를 누릴 수 있는 권한을

부여해야 한다.

- 책임과 의무를 책임지는 세계의 시민으로서 국제법을 존중하고 다른 나라의 습관과 전통을 준수해야 한다.
- 국제 행사에 적극적으로 참여하고 모든 나라의 사람을 돌보고 봉사해야 한다.
- 기본적 사회가치인 신용, 협동, 인권을 존중한다.

이 단계의 청소년은 다국적 관점에서 생각하고 행동해야 한다. 세계 모든 사람의 웰페어를 생각한다. 이들은 다국인적 주체감이나 혹은 세계시민의식을 키워 나가야 한다. 이 과정에서 기본적 인권과 세계의 가치에 역점을 두어야 한다.

시민권의 평가에서 평가의 목적은 무엇인가? 평가는 자주 이뤄지는가? 시민권은 수학이나 역사 실력을 평가하는 것과 같이 기계적으로 평가되어서는 안 된다. 시민권은 일반 지식을 기반으로 평가되어서도 안 된다. 일정한 기간을 두고 여러 가지 특별한 지식을 기반으로 빈번하게 평가되어야 한다. 또한 여기에는 친사회적 행동, 반사회적 행동, 사회 의사소통의 기술 등이 포함되어야 한다.

친사회적 행동은 자원봉사, 외부 행사에서의 수상 경력을 의미한다. 반사회적 행동은 반사회적 행동(지각, 결석, 급우와의 싸움)의 빈도를 바탕으로 평가되어야 한다. 사회 의사소통의 기술은 다른 친구와 효과적인 의사소통을 하는지로 평가된다. 사회 의사소통의 기술을 지닌 청소년은 자기의 잘못에는 반성의 의사를 표시하며,

다른 사람의 사죄를 기꺼이 수용한다. 또한 다른 사람의 충고나 조언을 즐거운 마음으로 수용한다.

　시민권의 평가는 매우 복잡하고 어렵다. 신빙성이 보강된 평가방법을 위해 교사의 역할이 매우 큰 의미를 갖는다. 교사는 청소년의 행동에 대한 정보를 본인과 그의 부모에게 수시로 제공하는 것이 무엇보다도 바람직하다.

사회기능과 청소년 발달

　건전한 청소년 발달을 위해서는 튼튼한 사회기반을 필요로 한다. 문화적 배경에 따라 차이가 없는 것은 아니지만, 성장하는 청소년의 생활습관, 예를 들면 부모, 형제, 친구들과의 관계는 그의 사회적 행동발달에 큰 도움을 준다. 좋은 문화환경에서 성장한 청소년은 주위의 반사회적 행동에 빠지지 않으나, 일탈한 문화환경에서 성장한 청소년은 주위의 반사회적 행동의 유혹에 쉽게 빠지는 경향이 있다. 서양 문화에서는 사회기능은 사회적응의 기초가 된다고 강조한다. 일반적으로 긍정적 사회환경에서 성장하면서 좋은 사회적 지지를 받은 청소년의 사회적 기능의 발달은 매우 양호하다.

　청소년의 친사회기능은 효과적으로 신장시킬 수 있다. 예를 들면, 친사회기능 신장을 위해 학교에서 특별한 방법을 쓰기도 하는데 이때 일방적으로 사회기능 신장에 집중하는 것은 청소년의 정상적 발달을 해치는 경우가 있다. 그러므로 청소년의 사회기능의 신장 책략에는 전체 인간기능 향상에 보다 신경을 쓰는 방법을 택하는 것이 바람직하다. 효과적인 친사회적 기능을 향상시키기 위한 여러 가지 방법이 있다. 그중 사회적 기능 향상을 위한 부모교육 프로그램이 많이 쓰인다. 왜냐하면 이 프로그램은 친사회적 기능의 중요성을 강조하기 때문이다.

성장하는 청소년을 위해 가정에서는 부모, 학교에서는 교사와 친구를 통해 그가 사회적 지지를 받을 수 있게 환경이 조성되어야 한다. 환경조성 과정에서는 책임성, 사회적 정의와 같은 교육이 포함되어야 한다. 학교환경은 자유롭고 자유토론이 가능하도록 신경을 써야 한다. 또 사회봉사의 중요성도 최대한 보장되어야 한다.

정서기능

정서기능

정서자원이라고도 불리는 정서기능은 자기와 타인의 정서에 대해 건설적으로 반응하는 사회적 기술이다.

정서기능을 기능주의 관점에서 보면, 정서와 깊은 관계가 있고 그것은 주위 환경과의 상호작용을 통해서 발달한다. 청소년은 환경과 대인관계를 통해 정서기능을 습득하게 된다. 구조주의적 관점에서 보면, 정서기능은 심리환경의 산물이다. 하지만 그 기능은 발달과정을 통해 얻어지는 것이지만 정서기능을 늘 그와 같은 선상에서 생각할 수 없다.

정서지능 평가기술은 정서기능 측정에도 사용할 수 있다. 정서기능 평가법은 질적인 것과 양적인 것이 있는데 양적인 방법이 보다 일반적으로 사용된다. 청소년의 사회정서적 행동특성의 정보를 얻기 위해 정서기능 측정도구를 사용한다. 정서기능 측정도구의 두 가지 점에 관심을 가질 필요가 있다. 첫째, 청소년의 정서기능 측정도구가 많지 않다는 점이다. 대부분의 측정도구는 학령기 이전의 아동을 대상으로 연구개발되어 있다. 둘째, 검사의 심리측정학적 본질을 깊이 살펴보아야 한다. 정서기능 측정을 위해 보편적으로 쓰이는 것이 *Bar-On Emotional Quotient Inventory(Bar-On EQ-I)*이다. 하지만 이 검사는 타당성에 대한 논쟁이 지속되고 있다. 정서인지기능은 자기보고법에 의해 측정된다.

인지기능과 정서기능

인간의 수행기능을 가장 정확하게 예언 가능한 것이 인지기능이다. 그런데 이보다 더 정확한 예언기능을 가진 것이 정서인지(Emotional Cognition: EC)이다. 정서기능이란 모든 정서는 물론 그와 관련되는 기능을 통제하는 기능이다. 정서의 특성을 인지하고 그것을 긍정적 방향으로 변화시키는 것은 청소년의 행동발달 과정에서 매우 좋은 의미를 갖는다.

1920~1930년대의 심리학자들은 정서지능(Emotional Intelligence: EI)과 사회지능(Social Intelligence: SI)의 기능을 동일한 것으로 간주하였다. 그들은 정서지능의 특이성은 인정하지 않았다. 또한 정서기능은 능력과 목표의 도메인으로 구성되었다고 주장하였다. 초기의 정서인지기능 연구자들은 정서는 4개의 도메인, 즉 (1) 자신의 정서 특성을 이해하는 것, (2) 타인의 정서 특성을 이해하는 것, (3) 타인이 자신의 정서 특성을 조정하고 있다는 것을 이해하는 것, (4) 자신이 타인의 정서 특성을 조정한다고 생각하는 것으로 구성되었다고 여겼다.

최근 들어 심리학자들은 정서의 여러 가지 기능을 이해하는 데 관심을 갖게 되었다. 그들은 정서의 다중성과 기능을 이해함으로써 복잡한 정서기능을 보다 정확하게 이해할 수 있다고 믿게 되었다. 여기서 정서인지기능(EC)은 일종의 가능성으로 어떤 수행기능과 그 효율성을 예언하는 기능을 의미한다. 기술적 입장에서 보면 사람은 자기각성, 자기관리, 그리고 사회적 기술을 적절한 시기에 표출할 수 있다.

정서지능(E-I)은 주로 인간의 재능을 매우 편리하게 정의하는 용어이다. 개념화가 어렵다는 사실을 수긍하는 것으로 볼 수 있다. 지능은 개인의 정신능력에 역점을 둔 개념에 대한 정의이다. 이들과는 달리 개인의 각성, 이해, 그리고 사회적 상호작용의 여러 가지 특성, 즉 정서지능은 정서기능으로 이어진다는 사실이 밝혀지면서 정서인지기능이라는 용어가 등장하였다. 정서인지기능은 정서를 지각하고 모든 정서 상태에 효과적으로 적응하는 기능을 의미한다.

정서기능과 정서지능의 개념은 유사성이 많기 때문에 그것을 구분하기가 쉽지 않다. 정서기능과 정서지능은 개념적으로 동일하지 않다. 정서지능은 일종의 기능으로서 이는 개인의 환경적 요구나 압력에서 벗어나게 하는 기능이다. 정서지능은 정서기능과 공통되는 점이 있다. 여기서 지능은 곧 기능이라는 공통되는 점이 있는데, 여기서 지능, 기능으로 개념화하고 실제 생활에서 직면한 문제해결을 위해 기능이라는 용어도 활용하게 된다.

정서인지기능과 정서지능은 개념적으로 상당히 중복되지만 개

넘적으로는 크게 다르다. 정서지능은 개인이 환경이나 주위의 압력을 받았을 때 그것을 극복하는 기능의 일종으로 간주된다. 정서지능은 정서기능과 공통점이 있는데, 개인이 지능을 환경적인 문제를 해결하는 데 활용하는 기능으로 정의한다. 여기서 정서기능과 정서지능의 차이를 다음과 같이 발견할 수 있다. 정서지능은 정서반응이 나타나는 개인의 특성이며 성격 특성이고, 정서인지기능은 발달의 산물로서 개인이 문화적 환경이나 경험에서 얻는 것이다. 이렇듯 청소년은 사회적 상호작용을 통해 정서를 학습하게 된다. 차이점이 있다면 정서기능은 개인과 타인과의 상호작용을 통해서 얻어지지만, 정서지능은 상호작용의 영향을 크게 받지 않는다.

정서기능에는 일종의 기술습득 기능을 가진 정서를 유발하는 다음과 같은 여덟 가지 기능이 포함되어 있다. 즉, (1) 자기 자신의 정서 각성, (2) 다른 사람의 정서 이해, (3) 정서/경험 어휘 사용, (4) 동정심, (5) 외적인 정서적 경험과 주관적인 정서 경험 변별, (6) 혐오 정서와 불쾌한 환경에 대한 정서적 반응, (7) 대인관계에서 정서적 의사소통, (8) 정서적 자기효험이다.

청소년의 정서발달은 사회적 환경의 영향을 크게 받는다. 특히 양육자의 양육태도와 그들의 청소년에 대한 애착관계는 청소년의 평생 정서발달과 밀접한 관계가 있다. 양육자의 애착 정도는 아동의 정서발달에 큰 영향을 준다. 양육자의 안정감을 주는 환경은 효과적인 정서제어의 기능을 신장시킨다.

정서환경의 안정수준은 청소년의 성장과정과 밀접한 관계가 있다. 즉, 정서적으로 안정된 환경에서 성장한 청소년은 성장과정은 물론 성인이 된 이후 생활에도 긍정적 영향을 주며 보다 적극적으로 문제해결을 시도한다. 이와는 달리 정서적 안정성이 결여된 환경에서 성장한 청소년은 여러 가지 부적응행동이 심하고 과잉행동을 하지만 극복 책략 기능이 부족하다. 그 특징은 다음과 같다.

- 효과적인 정서제어가 불가능하다.
- 자신이 외롭다는 생각을 많이 한다.
- 양육자로부터 적절한 보호를 받지 못할까 봐 걱정이 많고 항상 불안해한다.
- 이와 같은 불안정한 생활로 인해 특히 애정관계가 손상된다.
- 사회적 기술습득이 어렵다.
- 비활동적인 아이는 정서표출 능력이 부족하다.

이 상태가 장기간 지속되면 자신의 감정상태를 인지하는 기능을 상실하게 되고, 이와 같은 억압상태는 성인기까지 이어진다.

모성애의 표출은 아동의 정서표현 기능을 촉진한다. 안정된 양육자의 높은 안정성 수준은 아동의 정서적 제어기능 수준을 좌우한다. 양육자의 안정감 수준이 높은 아동은 보다 효과적으로 정서를 제어할 수 있고, 직면한 좌절상태를 보다 효과적으로 해결해 나갈 수 있다.

한편, 유전적으로 결정된 아동의 기질은 아동의 정서제어기능의 발달에 영향을 준다. 따라서 ADHD나 학습기능장애 아동은 자신의 정서특성을 이해하지 못한다.

정서기능의 발달

청소년의 정서기능의 특징은 아동기 중기에 나타나 점진적으로 변화한다. 이 시기의 청소년들은 복잡한 정서 특성을 이해하고 효과적인 표출방법을 터득하게 된다. 청소년은 중기에 이르게 되면 인간세계의 복잡성은 물론 그것을 극복하는 방법을 이해한다. 물론 자기 자신을 제어하는 방법도 깨닫게 된다. 청소년은 청소년기에 정서상태가 변한다는 것을 깨닫고 이에 대한 효과적인 극복방법에 관심을 갖는다. 청소년의 정서기능발달은 아동기에 절정에 이른다. 이때가 그들이 자신의 정서특성을 이해하고 정서적 조정기술을 활용하는 시기이다.

아동기 중반기에 아이들은 인간세계가 복잡하다는 것을 이해하고 그 사태를 어떻게 극복할 것인가를 습득하게 된다. 자기 자신을 조정하고 통제하는 것은 이 단계에서 가장 중요한 과제이다. 청년기에는 어떤 경우에 정서가 유발되는가를 이해하고 그것을 적절하게 표출하는 것을 학습한다.

청소년기의 아이들은 자기에게 바람직한 사회적 책략을 습득한다. 이 시기에 신체적으로는 성숙해지며 사회적 상호작용을 습득할 필요가 있다는 점을 학습한다. 청소년기에 그들은 효과적인 스

제2부 주요 PYD 컨스트럭트 및 그 기능

트레스 극복 기술을 경험할 필요가 있다. 청소년의 웰빙 수준은 청소년기 중기에 가장 낮다. 하지만 정서기능 수준은 가장 정확한 주관적 웰빙지표가 된다.

정서기능이 높은 청소년은 주관적 웰빙 수준도 높다. 이러한 사실은 다음과 같은 특징이 뒷받침하고 있다. 첫째, 정서기능 수준이 높은 청소년은 자신의 정서상태를 보다 잘 각성하고 그것을 조정할 수 있다. 이는 곧 높은 웰빙 수준으로 이어진다. 둘째, 정서기능이 높은 사람은 많은 사회적 관계를 유지할 뿐만 아니라 보다 양호한 극복 전략이 있다. 셋째, 정서는 환경을 통해 보다 정확한 정보 해석이 가능해진다. 정서기능 수준이 높은 사람일수록 웰빙 감각을 보다 장기간 지속시킬 수 있다. 넷째, 정서기능 수준이 높은 사람은 긍정적 감정이 높을 뿐만 아니라 웰빙 감정이 보다 풍부하다. 많은 교육을 받고 젊음을 가지는 것은 주관적 웰빙 감각을 신장시킨다. 교육환경에서 학교과제 수행은 청소년 발달에 긍정적 영향을 준다.

정서인지기능 수준과 학업성적 간에는 밀접한 상관관계가 있다. 정서기능 수준이 높은 청소년은 대체로 학업성적이 높다. 이는 연령이나 성별 차이와는 전혀 관계가 없다. 정서인지기능 수준이 높은 청소년은 대인관계는 물론 순응력이 좋다. 이는 스트레스 관리 능력이 높은 것과 깊은 관계가 있다고 해석해야 한다.

전통적으로 지능에는 삶의 성공을 예언하는 기능이 없다. 이와는 대조적으로 정서인지기능에는 삶의 질을 예언하는 기능이 있다. 정서인지기능 수준이 높은 청소년은 공격적 행동은 물론 무단 결석의 빈도가 낮다. 정서기능 수준이 높은 청소년은 스트레스와 연관된 좌절과 같은 정신적 장애를 보다 효율적으로 예방하고 극복한다.

정서기능의 신장

청소년의 정서기능은 자기 노력을 요한다. 이를 위해 주위에 정서 토론에 필요한 플랫폼을 형성한다. 가족이나 친구 가운데서 유능한 모델을 탐색한다. 학교를 기반으로 한 효과적인 방법을 생각해 둔다. 정서과정에 의식과정이 수반되지 않는다. 그러므로 주위에서 청소년에게 정서문제를 토의할 수 있는 플랫폼을 만들어 줄 필요가 있다. 이를 통해 청소년은 적절한 정서표현의 기술을 습득하며, 정서기능 수준을 신장시켜 나갈 수 있다.

정서기능의 생활경험이 축적되면 사회적 정서기능 기술을 습득할 수 있게 된다. 이 교육과정에서는 사회적 정보처리과정의 지식이 필요하다. 또한 대인인지 기술 습득도 꼭 필요하다. 이러한 기술이 통합되면 정서기능은 효과적으로 성장하게 된다. 청소년의 정서기능을 향상시키기 위해 부모는 일상생활에서 롤모델의 기능을 발휘할 필요가 있다.

인지기능

인지기능

　인지기능은 개인의 생활경험을 동화시켜 곧 행동의 결과로 표출시키는 기능으로서 (1) 인지구조, (2) 인지과정, (3) 외현적 행동으로 구성되어 있다. 메타인지과정은 보다 더 복잡한 기제로 자기제어의 인지스타일, 사고의 인지기술, 추리, 문제분석 그리고 정보처리의 기능을 하며, 이 과정에서 과제수행, 문제해결 그리고 의사결정에 대한 결심이 이뤄진다. 인지기능은 정보를 저장하며 주위에 대한 여러 가지 정보수집에 도움을 준다. 사고에는 논리적 사고, 추리, 판단적 사고는 물론 확산적 사고, 평가적 사고 그리고 수평적 사고가 포함되어 있다.

　청소년의 사고는 추상적 사고, 가설검증, 추리, 인과관계의 분석을 필요로 하며, 과제수행, 문제해결, 의사결정 과정에서는 비판적 사고와 창의적 사고를 필요로 한다. 비판적 사고와 창의적 사고기능의 수준이 높은 청소년은 학업성적이 높고, 신체적으로 건강하며, 인지발달 수준이 높고, 심리사회적 발달이 우수하다. 따라서 학교생활에서 비행을 저지르는 경우는 극히 드물다.

　청소년의 비판적 사고와 창의적 사고기능은 유전된다. 일반적으로 비판적 사고와 창의적 사고기능이 우수한 아이는 발달상태가 양호하며, 학교생활과 사회생활에 잘 적응하여 원만한 관계를 성공적으로 이어간다. 인지기능의 핵심적 기능은 비판적 사고와 창의적 사고이다. 청소년기에 형성된 비판적 사고와 창의적 사고는 학습기능을 신장시키고 긍정적 발달을 촉진하는 기능이 있다.

인지기능은 그 구조가 복잡하기 때문에 여러 가지 의미로 정의되고 이해되고 있다. 어떤 의미로 해석하든 인지기능에는 비판적 사고와 창의적 사고가 뒷받침되어야 한다는 것이 공통된 견해이다. 인지기능에는 이 두 가지 기능뿐만 아니라 하위기능이 뒷받침되고 있다. 창의적 사고는 여러 가지 아이디어를 결합해서 보다 신기하고 실용적인 아이디어를 만들어 낸다.

비판적 사고는 지적으로 높은 수준에서 개념화된 것으로 의사소통의 과정을 거친 사고 형태이다. 또한 비판적 사고는 인지적 기술인 책략으로서 바람직한 결과를 예상하는 사고 형태이며, 목적지향적 사고이다. 이는 특정한 인지적 기술을 활성화하며, 가장 정확한 판단을 유발한다.

비판적 사고에 있어서 주요 인지기술은 판단과 추리이다. 사물을 판단하고 의사결정을 할 때, 믿음을 수용할 때, 또한 아이디어를 개발할 때 필요한 것이 비판적 사고이다. 자신의 신념을 수용하기 위해서 자신의 주관적 견해를 인지하고 다양한 견해를 수집하고 여러 가지 견해를 조절하고 결심하기 전에 충분한 사고를 하고 믿음직한 증거를 축적해야 한다. 건전한 사고는 외적 근거가 있는 이

제2부 주요 PYD 컨스트럭트 및 그 기능

성적 사고가 필요하다.

비판적 사고는 신빙성이 있어야 하고, 사실과 가치가 고려되어야 하며, 특별한 환경특성 등도 충분히 고려되어야 한다. 또한 자기 자신의 사고의 특성이 고려되어야 하고, 합리적 교정이 수반되어야 한다. 비판적 사고에는 몇 가지 점이 고려되어야 한다. 즉, 자기 자신의 사고에 대해 비판적이어야 한다. 합리적 판단을 바탕으로 개념화되어야 한다. 자신의 사고를 기반으로 비판되어야 한다. 비판적 습관은 사고의 기술과 추리의 기술을 필요로 한다.

창의적 사고는 신기한 것을 사고하는 것으로 이는 가치 있는 생각을 생성하는 기능이다. 창의적 사고는 입법성, 규범성, 위계성, 총체성 그리고 자유성을 기초로 한다. 청소년기에는 그의 사고과정과 행동을 통제하는 기술을 배우고 그에 맞는 창의적 사고를 학습하게 된다. 그러므로 청소년은 자신의 문제를 수행할 때에도 규범에 따르지 않는, 맹목적으로 규칙이나 지시를 따르기보다 실패의 가능성을 고려한 후 행동으로 옮겨 간다.

청소년의 창의적 사고는 신기한 사고로서 가치 있는 아이디어를 생성하는 기능이다. 이는 사고 스타일과 지적 기술을 융합한 사고기능으로 입법성, 규범성, 위계성, 총체성 그리고 자율성의 기능을 포함한 사고기능이다. 청소년은 그들의 사고과정을 선택할 수 있기 때문에 창의적 사고를 할 수 있다.

청소년은 과제를 수행할 때 단순히 규칙이나 지시에 따르기보다 효율성을 고려한다. 여러 가지 과제를 수행할 때 위계성을 결정하고 위계적(사고 스타일)을 어떤 점에 주의를 기울일 것인가를 결정한다. 과제의 자세한 점(논리적 사고 스타일)에 주의를 집중하는 것 외에 전체적 과제의 특성에 주의한다.

청소년은 신기성과 모호성이 포함된 자율성에 따라 의사를 결정한다. 이 모든 과정은 문제해결을 위한 종합적 · 분석적 · 실용적 · 지적 기술과 병행되어야 한다. 창의적인 청소년은 이 과정에서 문제를 새로운 방법으로 해석하고 전통적 사고를 위해 그 아이디어의 가치를 찾아낸다. 간단히 말하자면, 창의적 사고는 일종의 인지적 기술로 새롭고 신기한 아이디어를 찾아내는 기술이다.

창의적 사고와 비판적 사고

창의적 사고와 비판적 사고는 창의적이고 효율적인 문제해결의 기능으로 청소년은 문제해결을 위해 특이한 사고를 한다. 그들은 문제를 새롭게 생각하고 생각한다. 또한 문제를 개념화하기 위해 관계되는 여러 가지 정보를 수집하고, 과거의 문제와 현재의 해석의 차이를 추론하여 정보를 새로운 방향으로 결합한다. 가장 새로운 해결방법을 찾기 위해 청소년은 적극적으로 평가하고 비판적으로 사고한다.

창의적 사고와 비판적 사고는 Edward de Bono(1933~2021)의 측정적 사고와 수직적 사고와 비교할 수 있다. 여기서 전자는 여러 가지 관점에서 사고하는 것이지만 후자는 전통적 자료를 바탕으로

제2부 주요 PYD 컨스트럭트 및 그 기능

결론을 내리는 방법으로, 두 가지 사고방식은 다르게 문제를 해결한다. 왜냐하면 문제는 효과적 문제해결의 방법이 될 수 없으나 수직적 사고에 의해 효과적으로 문제를 해결할 수 있기 때문이다.

측정적 사고와 수직적 사고는 서로 보완기능을 가진 것으로 이들은 보다 효과적으로 문제를 해결할 수 있고 보다 쉽게 의사결정을 할 수 있게 도움을 준다. 새로운 학습기능과 지식 습득을 보다 효과적으로 수행할 수 있게 도움을 주는 것은 비판적 사고와 창의적 사고이다. 학습과정에서 단순히 사실이나 정보를 회상하는 것은 표면적인 것으로 문제해결에 큰 도움을 주지 못하기 때문에 비판적 사고와 창의적 사고는 중요하다.

청소년의 인지기능의 특성은 유전, 환경, 사회경제적 사건, 문화, 성숙과 같은 많은 요인에 의해서 결정되며, 여러 단계를 거쳐 발달한다. 7~11세의 구체적 조작기에는 논리적 사고가 발달한다. 따라서 이들은 논리적으로 사고하고 사물을 비교할 수 있다. 이 시기의 비판적 사고는 자기중심적 사고에서 벗어나게 되고 다른 사람의 관점에서 사고하게 된다.

논리적 사고는 형식적인 조작기(12세 이상)에 급진적으로 발달한다. 그들은 체계적으로 생각하고 정신적 대상을 조작하고 가설을 검증하고 사유를 바탕으로 결론을 내린다. 발달연령과 청소년의 인지적 기능의 특성은 그의 정신과정의 특성에 따라 다르게 발달한다.

청소년의 인지기능을 성장시키는 것은 의미 있는 사회적 상호작용이다. 청소년은 대화나 모델링을 통해 보다 효과적으로 생각한다. 그들의 창의적 상상과 사고는 청소년기에 신장된다. 청소년은 이 시기에 사회적 모델을 통해서 자신의 문제해결의 기술을 습득한다. 청소년은 자기 자신이 습득한 인지기술을 독자적으로 내면화하고 자기 조절 그리고 전이시켰을 때 학습효과가 보다 현저하게 나타난다. 청소년의 인지기능을 향상시키는 것은 가족, 교실, 교육체계와 같은 사회문화적 환경이다.

인지기능과 청소년 발달

청소년의 인지, 도덕, 정서, 사회, 신체, 심미, 영성 기능은 서로 상호작용을 통해 자신들의 인지기능발달을 촉진한다. 비판적 사고는 자신의 자기조직학습의 기능은 물론 정보처리기능을 신장시킨다. 청소년은 창의적 사고수준은 낮지만 내적 통제, 자기 수용, 낮은 수준의 과제수행의 장면에 직면하게 되면 긍정적 귀인 스타일을 취하는 경향이 있다. 비판적 사고와 창의적 사고 수준이 높은 사람일수록 학습수준 및 웰빙과 긍정적 발달수준은 보다 높다.

인지기능의 신장

청소년의 창의적 사고기능과 비판적 사고기능은 기술습득의 기회가 주어지면 그 기능이 크게 향상된다. 이를 위해 청소년으로 하여금 실용적 기술의 본질을 습득시키는 것은 물론 습득한 기술을 활용해야 하는가를 이해시킬 필요가 있다. 여기에서는 다음과 같은 세 가지 질적 교육 방법을 활용한다.

질적 교육(Bolt-On)

- 사고하는 교육의 효과는 어떤 환경에서나 인식할 수 있게 교육시켜야 한다.
- 청소년의 문제해결을 위해 그가 문제를 해결하고 그 기술을 보다 넓게 활용할 수 있는 방법을 활용할 수 있게 교육시킨다.
- 청소년의 창의적 사고와 비판적 사고기능을 향상시키기 위한 프로그램이 개발되어야 한다.

청소년의 인지기능을 성장시키는 기능이 포함되어 있는 전문적 지도 프로그램이 개발되어야 한다. 이와 같은 직접적 방법을 사용하기 위해서는 교사의 능동적 참여가 수반되어야 효과적이다. 이를 위해 기억이나 마음속에 새겨듣는 접근방법을 활용할 수 있다. 이 과정의 훈련은 학교 정식 교과시간(자율학습, 과학)을 활용할 수 있다. 이러한 방법을 통해 학생들은 보다 깊이 이해하고 그에 보다 친근해질 수 있다. 탐색학습 방법을 개발하여 새로운 지식을 습득하게 한다. 이 학습과정을 통해 학생들은 가설을 설정하고 그것을 바탕으로 창의적 사고가 가능해진다.

문제를 제시하고 대화를 통해 개인의 사고기술을 향상시키고 이를 통해 창의적 아이디어를 찾아낼 수 있게 교육한다. 이 과정은 문제중심의 학습방법을 개발해 낼 수 있다. 여기서 제기된 문제는 창의적이고 도전적인 것이어야 한다. 그러므로 인지적 갈등이 형성되고 보다 고차원적 사고가 가능하게 된다. 다시 말하자면, 아동이 제기한 문제는 아동의 지식수준에서 출발해야 하며, 이는 아동의 일반적 사고와 비판적 사고 신장에 목표를 두어야 한다.

혼합접근법으로 특정한 주제나 사고의 기술을 교육과정을 통해 학생들에게 주입시키는 방법이다. 교사는 이를 위해 특별한 기술을 요하지 않으나 학생은 사고하는 기술을 스스로 습득하게 된다. 이를 통해 학생은 자기제어, 독립적 사고를 가능하게 한다. 비판적 사고와 창의적 습관을 신장시켜 학생들에게 아이디어를 스스로 창출할 수 있게 한다.

행동기능

특정인의 사업능력이나 학습능력은 그의 행동, 태도 그리고 성격 등에 의해서 평가된다. 청소년의 교육목적은 그들에게 지식, 기술을 습득시키는 것만이 아니라 습득한 지식을 실행할 수 있는 것까지 포함되어야 한다. 청소년의 행동기능은 여러 가지 파라미터에 의해 결정된다. 청소년의 행동은 사회적 규범과 도덕, 사회적 법규와 규칙, 집단의 기준, 도덕적 규범에 의해서 결정된다. 사회적 기술, 대인관계에서 사회적 · 언어적 책략은 물론 비언어적 정서 분출을 통해 보다 깊은 감정을 노출시킨다.

행동기능은 긍정적 성격(존중, 인간성, 충성심)이 모두 포함된다. 여기에는 친사회적 오리엔테이션, 용기, 양심이 포함된다. 긍정적 성격은 긍정적 동기수준을 향상시킨다. 행동의사결정과 행동착수, 행동결정을 하고 나면 복잡한 수속절차를 밟고 그것을 실천으로 옮기기 시작한다.

행동기능은 긍정적 성격과 도덕적 성격으로 구성되어 있다. 중요한 도덕적 성격특성과 그 기능은 다음과 같다.

- **자선**: 죄 없는 사람이 고통받는 것을 보고 느끼는 자비로서 모든 인간이 공통적으로 느끼는 감정이다. 이는 부모의 영향이 크다. 부모의 자비 속에서 성장한 아이일수록 자선의 수준이 높다. 자선에는 동정심과 용서가 포함되며, 이는 순수한 이타적 감정의 표현이다. 자선교육의 목적은 다음 세대의 자선 행위를 교육시키는 데 있다. 자기 자신을 사랑하는 것과 같이 남에게 애정을 베푸는 것이다.

- **지능**: 개체가 보다 복잡한 사태에 직면하였을 때 즉석에서 그리고 효과적으로 그에 적응하는 능력이 지능이다. 청소년에게는 비판적으로 생각하고 창의적으로 생각하는 습관이 필요하다. 이것은 사회적응을 위한 기능이다. 지능은 친사회적 의사결정이나 도덕적 발달을 위해 필요하다.

- **용기**: 딜레마에 빠진 사람이 올바른 판단을 하게 하는 힘은 용기에서 나온다. 용기는 도덕적 기능이 포함되어 있는 친사회적 행동과도 관련이 있는데, 이것으로부터 멀어지지 않도록 하는 것이 청소년 교육에서 매우 중요하다.

- **양심**: 양심에는 두 가지 기능이 있다. 그 하나는 인지적 기능이고, 다른 하나는 정동적 기능이다. 인지적 양심에는 선과 악, 그리고 해야 할 것과 해서는 안 되는 일을 분간하는 기능이 있다. 정동적 측면에는 개인의 도덕적 행동 수치심과 쓰라린 경험과 죄의식을 회피하기 위한 도덕적 기능이 포함되어 있다. 도덕적 양심의 교육에 관심을 가진 사람은 이 점에 특별한 관

심을 가질 필요가 있다. 지능수준은 높으나 양심수준이 낮은 사람은 대인관계에서 긍정적 관계를 유지하기가 힘들다.

• **자율성**: 서양문화에서 중요한 가치로 꼽히는 것은 자율성이다. 순수한 개인의 자율성은 도덕발달에 있어서 좋은 한 의미를 갖는다. 청소년의 자유의지, 자율성, 자유를 바탕으로 만인의 윤리적 규칙에 따라 행동한다. 다시 말하자면, 도덕적 관념을 초월한 입장에서 문제를 해결하고 만인의 윤리적 규칙은 선의를 바탕으로 만인에게 공통적으로 적용된다. 그 과정에서 예외는 인정되지 않는다.

• **존경**: 존경은 세 가지, 즉 자기 자신에 대한 존경, 타인에 대한 존경, 그 외 모든 형태의 삶과 그것을 지탱해 주는 환경에 대한 존경으로 분류해서 생각할 수 있다. 자신에 대한 존경과 타인에 대한 존경은 어떤 도전에 직면하였을 때 자신의 가치와 신뢰의 성향을 의미한다. 타인에 대한 존경은 겸손하고 관대하고 위엄이 있다. 신중함과 정직함으로 표출된다. 모든 생명에 대한 존경은 동물의 권익을 인정하고 모든 생명체에 대한 존경심을 의미한다. 모든 자연에 대한 존경에는 자연 보호도 포함된다. 개체가 보다 복잡한 사태에 직면하였을 때 즉석에서 그리고 효과적으로 적응하는 능력을 의미한다.

• **책임감**: 책임감은 존경의 가치에서 나오며, 여기에는 네 가지 서로 다른 의미가 내포된다. (1) 개인적 책임감은 개인의 신용성을 의미한다. (2) 가족적 책임감은 사람들에게 자신의 책임을

다하게 한다. 여기에는 부모, 자녀, 형제 그리고 배우자도 포함된다. (3) 시민의 책임감은 모든 시민은 자신이 해야 할 의무가 있다. 여기에 법에 순종하는 것, 세금을 납부하는 것, 다른 사람의 권익을 보호하는 것, 자신의 사회적 책임을 다하는 것이 포함된다. (4) 전 세계적 책임감은 세계시민으로서 자국민은 물론 다른 나라 사람들의 웰페어까지 신장해 주는 것이다.

• 천연성: 천연성은 인공이 가해지지 않은 순수성, 단순성, 유연성, 자발성, 신중성으로 곧 자연성 덕목의 특징이다. 중국의 철학자들은 교육에서 어린아이의 심성, 성인의 지능을 강조한다. 자아실현자는 자발적으로 단순하게 그리고 천연스럽게 행동한다. 이와 같은 행동특성은 청소년의 행동에서 공통적으로 나타난다. 그러므로 아이들에게 순수하고 단순하고 자연스러운 생활 방식을 교육시키는 것은 그들이 성장하였을 때 보다 복잡한 기술의 세계를 살아가는 데 큰 도움이 된다.

• 충성심: 충성심은 유교에서는 도덕의 핵심이다. 자신을 집단의 가치와 집단과 동일시함으로써 집단이 어려움에 직면하게 되면 자신을 희생할 수 있다. 자기 나라와 동일시하고, 자기 나라에 충성을 다하는 것은 애국심을 신장시키는 효과를 가져온다. 충성심은 통합성과 정직과도 같은 의미를 갖는다.

• 겸손: 우리 생활의 기본은 겸손이다. 우리는 항상 남에게 겸손해야 한다. 집을 떠나 외빈으로 갔을 때 겸손하게 행동해야 한다. 자신이 높은 신분을 가진 경우에도 보통 사람들을 정중하

게 대해야 한다. 겸손한 행동은 타인과의 갈등을 효과적으로 해결해 주며, 겸손한 사회는 사회의 평화, 권위 그리고 행복을 증진시킨다.

행동결정과정과 정보처리과정

도덕적 행동이나 친사회적 행동의 행동결정과정은 정보처리과정의 지식을 바탕으로 이뤄진다고 할 수 있다. 사태를 해석하고 해결해야 할 문제를 발견한다. 입력 정보는 유기체가 스스로 해석하고 그것은 행동으로 옮길 수 있고 그 결과는 추적 가능한지 검토되어야 한다.

청소년이 도덕적 문제를 발견하고 그 구조를 이해하게 되면 이상적 친사회적 행동계획을 수립한다. 이를 통해 자신의 아이디어, 가치, 도덕적 원리가 무엇인지 생각해 보게 된다. 일반적으로 사회적 규범은 도덕적 행동과 깊은 관계가 있다. 행동의 계획을 세울 때 도덕적 행동 수준이 높은 사람은 인권, 세계적 사랑과 정의를 기초로 한다. 하지만 도덕적 행동 수준이 낮은 사람은 자신이 존경하는 사람들의 가치체계를 바탕으로 행동계획을 세운다.

또한 도덕적 행동 수준이 높은 사람은 대안을 염두에 두고 의사결정을 한다. 모든 실행 가능한 대안을 생각한다. 개인은 도덕적인 행동이나 이상적인 행동은 계획하지 못한다. 행동의 실천과 행동의 결과는 행위자의 도덕적 수준에 의해서 그 특성이 달라진다. 결과가 행동 결과에 영향을 주지 못하는 것도 있다. 자기만족의 지연, 자기제어의 지연은 자아강도와 밀접한 관계가 있다. 개인이 갖는 용기의 수준, 동정심의 수준은 그의 도덕적 수준에 밀접한 영향을 준다. 그러므로 청소년의 도덕적 행동과 친사회적 행동 수준은 부모의 칭찬과 긍정적 수용에 의해 향상된다.

행동기능의 근원

행동특성을 결정하는 유전적 요인은 도덕기능과 사회기능의 유전적 요인과 매우 유사하다. 청소년의 행동기능의 특성은 부모형제는 물론 교사의 특성에 의해 결정된다. 학생의 문제행동을 치료하는 경우를 생각해 보자.

문제행동을 발견하고 그 행동을 조장시키는 조건을 발견한다. 문제의 정확한 원인을 발견하는 것은 효과적인 치료방향을 결정하는 데 결정적 기능을 한다. 문제행동의 경감을 위해서 교실 분위기를 바꿔 본다. 교사는 이를 위해 교과과정을 변경하기도 하고, 그를 위해 필요로 하는 조치는 무엇인가를 생각한다.

청소년에게 새로운 기술을 교육시킨다. 전문가와 문제 학생 간의 밀접한 관계를 맺어 주고 지속적으로 도움을 주는 방법을 생각한다. 이를 위해 학교 교장, 상담교사, 그리고 전문지식을 가진 사람의 자문을 얻는 것도 좋은 방법이다. 이들의 도움을 받는 문제 학생의 행동은 현저하게 나타난다. 일괄된 학교행정을 통해 적절한 행동을 신장시킬 수 있다.

행동기능과 청소년 발달

행동기능은 여러 가지 기능, 즉 인지기능, 정서기능, 도덕기능 그리고 사회기능과 깊은 관계가 있다. 인지기능은 모든 행동의 기초로 지능, 정보처리능력을 포함한다. IQ 검사로 측정한 지적능력은 청소년의 학습능력은 물론 직업 성공 여부를 정확하게 측정할 수 있다. 불행하게도, IQ는 성장하는 청소년의 수입이 얼마나 될 것인가를 정확하게 예측하지 못한다. 인지기능은 행동결과와 깊은 관계가 있기는 하나 그의 충분조건은 되지 못한다.

청소년의 정서는 사고기능과 운동기능이 있기 때문에 긍정적 환경적응을 촉진하지만 정서적 문제를 갖는 성인은 그 기능이 손상되어 있기 때문에 친구를 사귀는 것이 쉽지 않다. 더 나아가서 일반 대인관계가 좋을 수가 없다.

도덕적 행동은 도덕발달 단계에서 발달한다. 도덕발달의 높은 단계에서는 낮은 단계에서보다 친사회적 행동과 도덕적 행동을 한다. 도덕발달 단계와 친사회적 행동과는 밀접한 관계가 있다. 특히 도덕발달 수준이 높을수록 그 수준이 낮은 사람에 비해 친사회적·도덕적으로 행동하는 경향이 있다. 정서와 이타적 행동은 도덕발달과 밀접한 관계가 있다. 다시 말하면, 도덕발달 수준이 높으면 친사회적 행동과, 도덕발달 수준이 낮으면 비행과 밀접한 관계

가 있다. 일반적으로 도덕발달 수준이 높으면 친사회적으로 행동
하고 그 수준이 낮으면 비행 수준이 높다.

도덕기능

도덕기능

교육의 목적은 개인이 개인생활이나 사회생활에서 이타성의 감성을 통해 사태를 공정하게 평가하게 하는 데 있다. 우리는 인터넷의 발달로 보다 많은 정보를 얻고 있다. 그것은 개인에 따라 서로 다르게 해석된다. 대표적인 것이 반사회적 행동과 비행이다. 사람마다 또한 자신의 생활영역에 따라 그 대상은 크게 달라질 수 있다. 도덕교육에 있어 도덕기능의 개념을 정확하게 이해하는 것이 전체적 인간의 긍정적 발달의 기능을 이해하는 데 도움이 된다.

논리적으로 일관되게 보다 높은 수준에서 평가할 수 있는 능력이 도덕기능이다. 부모의 양육태도는 아동의 도덕기능발달에 큰 영향을 준다. 청소년은 도덕적 행동에 관심을 가질 뿐만 아니라 부모의 권위에 순종하는 경향이 있다. 청소년기에 친사회적 행동은 크게 신장된다.

부모의 온정 속에서 성장한 청소년은 친구의 도덕성, 동정 발달에 크게 도움이 되고, 교실 내에서 이뤄지는 친사회적 행동은 보다 수준 높은 친사회적 행동으로 이어진다. 개인의 도덕기능발달은 자신의 심리적 발달은 물론 인지 · 사회 · 정서적 기능을 발달시킨다.

동정심은 도덕발달의 또 다른 측면이다. 동정심은 외부의 압력을 받게 되면 다른 사람의 정서적 상태를 경험하게 된다. 도덕기능평가는 도덕적 기능의 범위를 어떻게 정할 것인가에 따라 평가방법이 달라진다. 우선 도덕적 기능은 애타적 관점에서 평가되어야 하며, 여기에는 친사회적 검사, 성인행동평가, 도덕발달검사 등이 포함되어야 한다. 이렇듯 도덕기능평가는 기술적으로 매우 복잡하다. 이는 측정법에 기초한 검사의 신뢰도와 타당도가 보장된 측정도구가 사용되어야 한다. 대표적인 것이 Lawrence Kohlberg의 도덕검사이다.

도덕기능의 발달단계

제1단계: 복종과 자기중심성

정신적 욕구충족보다는 물질적 욕구충족에 관심이 많다. 신체적 벌을 피하기 위한 수단으로 성인에게 복종한다. 어린아이의 규칙은 고정되어 있어 자신과 타인 간의 견해차가 있다는 것을 분간하지 못한다.

제2단계: 도구적 목적과 기회주의적 쾌락주의

청소년의 행동은 자신의 목적달성을 위한 도구에 지나지 않는다. 성취를 위해 자신의 목적달성을 위해서는 공정한 상호 교환이

제2부 주요 PYD 컨스트럭트 및 그 기능

필요하다고 생각하는 경향이 있다. 청소년은 자신의 행동은 자신의 욕구충족을 위한 정신적 도구에 지나지 않는다고 생각하는 경향이 있다.

이 단계의 청소년은 사태판단을 잘 못하는 경향이 있다. 타인의 생각이 자기와 다르지 않을 뿐만 아니라 그것이 자기에게 도움이 될 것이라고 생각하기 때문일 수도 있다. 청소년은 상대방이 먼 훗날 자기에게 도움이 된다면 그를 신임하고 그에 대한 신념의 수준이 높아진다. 여기에는 부모, 형제, 배우자, 좋은 친구 등이 포함된다.

청소년들 가운데 많은 수가 인생을 제로섬 게임이라고 생각하는 경향이 있다. 그들은 어느 게임에서 승자와 패자의 총계를 내 보면 득실은 항상 제로가 되는 게임으로 어느 한 사람은 잃고 상대방은 손실을 보기 마련이라고 생각한다. 물론 상대방이 손해를 볼 때도 자기는 이득을 보는 것이 가장 좋은 방법이다. 필요하다면 상대방은 죽고 나는 살아남는 것이 보다 좋은 게임이며 자신이 필요한 것은 다 얻고 지속적으로 생을 유지하는 것이 보다 낫다고 생각한다.

대부분의 청소년은 기회주의적 낙관주의의 원리를 선호할 뿐만 아니라 다른 사람들도 나와 같이 이익을 추구하고 있다고 생각한다. 그러므로 그들과 공정하게 서로 거래하고 상호 교차적 행동을 해야 한다고 생각한다.

청소년은 공정성에 대한 분명한 신념을 가지고 있다. 그들은 동일한 교환의 생각을 가지며 나는 상대방을 해쳐서도 안 되고 그들이 나를 해쳐서도 안 된다고 생각한다. 오늘은 내가 너를 돕고 내일은 네가 나를 도와야 한다고 생각한다. 교역이나 거래는 돈이나 물건의 교역이나 거래의 의미와 그 뜻이 다를 수 있다. 청소년은 철저하고 구체적인 개인적 관점을 소유하고 있다.

제3단계: 일차적 집단정서와 동조성

일차적 집단은 가족, 친구 등으로 구성된다. 이들은 일반적으로 공통적 철학, 이데올로기를 공유하는 것이 특징이다. 일차적 집단은 상호 대인관계 및 대인간의 동조성도 일차적 집단의 한 특성으로 포함시켜 생각할 수 있다. 일차적 집단에서는 이타주의에 기반한 공정한 선택과정이 수반되어야 한다.

모든 사회적 행동의 생물학적 기초를 연구하는 사회생물학에서는 이타적 행동과 자연선택과의 관계를 연구한다. 사회생물학자는 이타행동의 진화가 집단선택과 친족선택에 의해서 이뤄진다고 주장한다. 또 그들은 혈족의 유사성을 강조하면서 청소년은 자신을 희생하면서까지 남을 위해 행동하는 경향이 있다고 주장한다.

일부 문화권에서는 가족 간의 통합을 강조한 나머지 친한 사람과의 관계를 중요시한다. 그들의 아동교육에서는 정서적 이타주의 교육을 강조한다. 그들은 부모와 가까운 친척에게 보다 정서적 이타적으로 접근하는 경향이 있다.

유교에서는 군신과 신하, 아버지와 자식, 남편과 부인, 그리고 친구 간의 조화를 강조한다. 일반적으로 기본적 관계의 개념은 다른 사람들 간의 친근성을 의미한다. 이는 일차적 기본집단의 이타주의를 돕는 데 목적이 있다.

일차적 기본집단의 성원들은 곤경에 처했을 때 기본욕구를 충족시키는 데 역점을 둔다. 또 이들은 어려움에 직면하였을 때 일차적 집단의 타인적 행동을 강화해 나간다. 청소년은 자신의 올바른 행동을 통해서 집단으로부터 인정받기를 바란다.

집단성원의 행동규율은 주로 집단 지도자에 의해 직접 만들어지기도 하고 집단성원의 조언을 수용하여 만들어지기도 한다. 청소년에게도 집단에 충성하고, 지도자를 믿고 존경하며, 지도자가 만들어 놓은 규율을 성실하게 따르는 것이 중요하다.

이 집단에 갈등이 생기면 지도자가 마지막 결정을 내린다. 집단성원들 자신의 주장을 억제하고 지도자의 의사결정에 순종하게 된다. 집단명령은 부모가 자식에게 하는 것과 같은 것으로 개인과 집단에 갈등이 생겼을 때에는 개인보다는 이해집단을 보호해야 한다. 집단명령은 일차적 집단, 특히 청소년이나 성인에게 주어져야 한다.

제4단계: 행복수단 지향적 사회적 체계

중용은 두 극단의 중간점을 의미하는 것으로 다수가 선호하는 방향으로 행동함을 의미한다. 넓은 의미로 말해, 의견이 일치되는 규범, 법칙 혹은 사회적 관습이 곧 중용이다.

유교의 문화에는 효도가 있다. 여기서 평생 동안 부모와 자식은 밀접한 관계를 유지해야 한다. 하지만 그것이 모든 세대의 생활규

범이 될 수 있을지는 지금으로서는 말하기 힘들다. 유교문화권의 아이들은 성장과정에서 부모와 조부모에게 의존하나, 성장한 후에는 그들에 대한 의존도에 큰 변화가 온다. 여기서 유교문화의 아이들이 자신의 부모를 포기한다는 사실을 의미하지 않는다.

사람들이 일차적 집단에서 다른 사람에게 이타주의 행동으로 연장되는 것을 유교의 문화에서는 매우 좋은 한 의미를 갖는다. 사회적 이타의 기본은 자기 자신의 일차적 집단뿐만 아니라 친구같이 젊은 사람들에게도 이타적으로 행동해야 한다고 주장한다.

제5단계: 공리주의와 기본권리

인간의 최대 행복은 다수의 개인은 물론 개인의 권리를 추구하는 것을 의미한다. 원래 인간은 최대의 많은 사람이 최대의 행복을 누린다는 원리에 따라 행동한다. 개인과 다수 간에 갈등이 생기면 다수를 위해서 개인은 희생을 한다.

이 단계의 사람들은 법에 복종해야 한다고 생각한다. 자신이 모든 사람의 웰페어를 지켜야 한다는 것은 자신의 사회적 약속 때문이라고 생각한다. 개인과 다수 간에 갈등이 생기면 개인은 자신을 희생하는 이타적 행동으로 전환한다.

개인이 대다수를 위해 왜 희생해야 하는가? 그것은 대다수에 대한 정동적 자기희생적인 신념이 있기 때문이다. 소아는 대아를 돕기 위해 스스로 희생해야 한다는 중국의 생활신조가 이를 뒷받침하고 있다. 여기서 소아는 개인을, 그리고 대아는 국가나 다수의 집단을 의미한다.

중국의 유명한 철학자가 다음과 같은 말을 했다. "남자는 다른 가족을 사랑한다." 이와 같이 자기 자신의 가족은 물론 국가를 사랑하는 것은 창조이고, 선은 많은 사람에게 도움을 주는 것이다. 대다수의 청소년은 개인보다는 타인의 욕구충족의 중요성을 강조한다.

예를 들면, 특정한 개인의 집단이 생물적 결함으로 고통을 받게되었을 때 집단의 생물적 욕구를 지키는 것이 개인의 생물적 문제 욕구를 성취하는 것보다 더 중요하다.

어느 사회나 개인에게는 대중의 의견을 무시하고 자신의 욕구를 충족시키고 자신을 보호할 권리가 있다. 모든 사회의 구성원들은 개인의 기본 욕구에 대해 다음과 같은 권리를 주장할 수 있다.

- 임의로 처벌을 피할 수 있다.
- 번영할 수 있다.
- 양자나 가족관계를 자유롭게 맺을 수 있다.
- 자신의 주장을 정정당당하게 공정하게 주장한다.
- 도덕성을 존중한다.
- 법적 정의를 실현할 수 있다.
- 자유롭게 계약을 맺을 수 있다.
- 정보를 평가한다.
- 시민권을 가질 수 있다.
- 삶의 자유를 누릴 수 있다.

모든 정의와 규칙, 가치는 자기 자신의 집단에게만 적용된다. 이 상대적 규칙은 사회적 계약을 위해 지켜져야 한다. 상대적 권리 혹은 가치에는 관습, 종교적 가치, 전통 그리고 사적 권리가 모두 포함된다.

정치적·법률적 권한을 지키는 마음의 태도는 문화에 따라 다르다. 일반적으로 동양 사람들에 비해 서양 사람들이 그것을 지키는 성향이 보다 강하다. 여기에는 보다 중요한 원인이 있다. 동양 사람들은 도덕적 양보, 윤리적 법도, 인간의 본성을 정해진 법률에 의한 행동 성향보다 높은 것으로 생각할 수 있다.

도덕기능의 실용

효과적인 개인의 도덕기능 향상을 위해 필요자가 임의로 패키지를 만드는 것은 삼가야 한다. 부모가 자신의 아이들에게 도덕적 교육을 시키는 것은 보다 자연스러운 방법이기는 하지만 부모의 과욕은 청소년 발달을 해치기 쉽다. 청소년의 올바른 성장을 위해서는 Richard Catalano의 15 PYD 컨스트럭트(p. 139 참고)에 따라 일단 평가해 볼 필요가 있다. 도덕적 환경은 도덕적인 사람을 배출하고, 부패한 환경은 보다 쉽게 부패한 인간을 만들어 낸다.

자발적 의사결정

자발적 의사결정

어떤 의사를 결정하거나 물건을 구입할 때 그것이 자기의 의사에 따라 결정된 것이냐 아니면 다른 사람에 의해 결정된 것이냐에 따라 그 결과는 크게 달라진다. 이것이 Edward Desy(1933~2010)가 1973년에 발표한 이론이다.

청소년기는 개인의 삶에 있어서 매우 중요하다. 청소년은 여러 가지 변화를 경험한다. 즉, 신체적 · 심리적 · 지적 · 정서적 변화를 경험한다. 자아정체감을 추구하고, 새로운 역할을 경험한다. 새로운 학교생활을 경험한다. 성인기를 맞을 준비를 한다. 청소년은 개별화와 격리경험을 얻게 된다. 이와 같은 과정을 통해 청소년은 개인의 목표를 설정하고, 계획을 세우고, 가치와 도덕성의 개념을 습득하게 된다.

자발적 의사결정을 하는 것은 일종의 발달과정이며 모든 청소년이 수행해야 할 과정으로서 개인이 개인의 전생애 발달을 위해 간직해 나가게 된다. 심리학적 개념으로서 자발적 의사결정은 개인의 의지가 담긴 위대한 산물이다. 자발적 의사결정은 독자적 기능은 물론 여러 가지 기능을 포함한다. 자신이 자유롭게 행동하는 기능이다. 특수교육의 영역에서는 인지적 · 사회적 측면에 큰 비중을 둔다. 개인의 자기조절, 목적지향적 행동은 자발적 의사결정의 기능에서 큰 비중을 차지한다.

자발적 의사결정과정은 자기 자신의 생각하는 능력이다. 이 능력은 어느 특정한 발달시기에만 사용되는 것이 아니라 평생 간직되는 기능이다. 청소년의 자발적 결정능력은 PYD 프로그램을 통해 그 기능을 향상시킬 수 있다. 이 프로그램에는 개인의 독자적 사고, 가치의 기준에 따라 생활하는 기능을 향상시키는 기능이 있다. 개인적 의사결정은 개인의 성격강도의 신장에 역점을 둔다.

자발적 의사결정 수준이 높을수록 자기지향적이며 스스로 할 일을 탐색해 나간다. 자발적 의사결정의 자율적 행동에는 자발적으로 선택하고 의사를 결정하는 기능이 내포되어 있다. 이는 지지적 사회 환경에서 그 기능이 신장 · 성숙된다.

동기와 자발적 의사결정

자발적 의사결정과정은 인간은 성장을 추구하는 존재라는 점을 기본으로 가정하고 있다. 이는 자신의 가치와 흥미에 따라 자기 스스로 행동함을 의미한다. 또한 사회적 규범에 따라 적극적으로 자신의 목표를 추구하고 환경을 정복한다는 의미도 내포되어 있다. 이러한 기능은 선천적인 것이라기보다 성장과정에서 그의 환경으로부터 받은 지지의 산물이다.

자발적-선택주의자들은 청소년이 세 가지 욕구, 즉 기능, 관계성, 자율성을 충족시키면 최적의 발달이 성취된 것으로 생각한다. 이는 자신의 기능 혹은 능력, 자신이 직면한 환경을 자기 스스로 극복할 수 있다는 신념 혹은 감정이다. 이러한 감정은 일정한 목적을 성취해 효과적 결과를 경험함으로써 자연스럽게 성취할 수 있다.

　자율성의 욕구는 자신의 의지에 따라 스스로 행동을 결심하는 능력이다. 그런 면에서 자율성의 욕구는 자기이기주의나 선택의 자유를 갖는 것과는 크게 다르다. 자율성의 욕구는 자기 동기와 각성, 외부의 욕구에 적극적으로 관여하는 것과도 다르다. 가정이나 학교에서 자율성 욕구의 충족은 내적 동기를 촉진하는 효과가 있다. 관계성의 욕구는 근접의 연결성, 그리고 다른 사람에게 소속되고 싶은 욕구는 장래에 대한 정서적 안정성을 의미한다.

　청소년이 자율성 기능과 연관성 욕구를 충족하면 그의 생활에 큰 변화가 온다. (1) 그의 학업성적과 웰빙수준은 크게 향상되고 그것이 외부에 투사된다. (2) 청소년의 자율성, 관계성 그리고 지식욕구 수준이 높아지면 거기에 여러 가지 변화가 따른다. (3) 학교생활에 대한 만족도가 크게 향상된다. (4) 학업성적이 높아진다. (5) 자동적·내재적 동기에 의해 자율적으로 제어한 학생의 긍정적 학습효과가 높아진다. (6) 자동적 동기수준이 높은 청소년의 학업성적, 자존감, 적응학습태도가 긍정적으로 달라진다. (7) 자동적 지지교사의 교육을 받은 학생에게는 여러 가지 변화가 따른다. (8) 내재적 동기수준, 자존감, 창의성이 높아져 동시에 유연성의 수준, 개념의 이해능력, 정보처리능력이 현저하게 높아진다.

자동적 동기는 심리적 웰빙과 보다 밀접한 관계가 있다. 즉, 자율적 동기수준이 높은 청소년은 긍정적 정동과 정서수준이 높을 뿐 아니라 학교생활과 가족생활이 즐겁다. 자율성 욕구 수준이 높은 청소년의 유급 비율이 낮고, 불안 수준이 낮으며, 보다 긍정적으로 문제를 극복한다. 또한 지지적 환경에서는 희망을 촉진하는 학습에 보다 적극적으로 참여한다.

자발적 의사결정 요인

부모의 양육태도에 따라 자녀의 행동특성이 크게 달라진다. 자녀에 대한 부모의 관심이 많아지면 자녀의 자기통제와 자발적 행동수준도 높아진다. 부모의 육아태도는 자녀의 자발적 의사결정 능력을 향상시킨다. 부모가 자녀의 자율성 욕구를 충족시켜 주면 그의 자아제어와 동기의 수준이 크게 향상된다. 부모의 자동적 지지를 받은 자녀는 자신의 가치와 기호에 따라 자유롭게 행동한다. 부모가 자녀의 욕구의 본질을 충분히 이해하고 그의 견해를 지지해 주면, 자녀는 자기 스스로 보다 적극적으로 의지에 따라 행동할 수 있다. 부모의 자동성은 자녀의 자발적 선택과정에 크게 도움이 된다.

반면, 어떤 사건의 과정보다는 결과에 역점을 둔 자녀 교육은 그의 내면적 동기와 내재화를 둔화시키는 결과로 이어진다. 부모에

의한 구조 · 제기 교육은 성공에 이르는 방법을 보다 쉽게 체득하고 보다 효과적으로 자기를 통제해 나갈 수 있다. 부모의 지지적 가정환경은 자녀의 관계의 욕구를 충족시킨다. 부모의 자율성, 구조는 자녀의 자율적 자기제어의 기능을 신장시킨다.

교사의 자율적 지지와 구조는 학생의 최적 학습능력을 습득하는 데 도움이 된다. 자율적 지지와 구조는 다소 다르기는 하지만 긍정적 상관관계가 있다. 학생들에게 구조와 가이드라인을 제시하는 교사는 보다 자율적 지지 스타일이다. 교사의 자율적 지지는 학생의 자발적 의사결정의 의욕을 각성시키고 보다 적극적으로 학교생활을 하도록 돕는다.

인간의 기능, 자율성 그리고 관계성의 욕구는 선천적인 것으로 어느 문화에서나 인간의 기능을 최적 상태로 향상시키는 기능을 한다. 개인의 주관에 따라 자율성의 경험평가에 영향을 받게 되면 그 평가는 객관성이 보장되지 않는다. 개인의 기능, 자율성, 관계성 욕구에 대한 표현은 모두 다르다. 여기에는 서로 다른 가치가 함축되어 있기 때문이다.

비교문화 심리학자들은 자발적 결정론의 개념과 자율성 개념은 서양문화의 영향을 받은 것으로 생각한다. 예를 들면, 자율성은 개인주의 사회가 가지는 가치로서 자아의 독립성을 의미한다. 따라서 자율성 욕구는 관계성 욕구와는 조화를 이룰 수 없다. 집단주의 사회에서는 그 가치가 높게 평가된다.

자발적 의사결정의 기능적 이론가들은 사람을 사건을 창출하는 주체로서 간주한다. 행동은 자발적 의사결정에 의해 이뤄져 자기가 원하는 기능으로 발전한다. 자발적 의사결정의 특성은 사람이 자율적으로 행동하며 자기실현에 도움이 되고 자기제어를 통해 행동방향을 결정한다.

자발적 의사결정의 기능적 이론은 인간과 환경의 상호작용의 기능을 기초로 한다. 더 나아가서 개인은 개인적 성향과 환경적 경험의 영향을 받게 된다. 이 모델에 따르면, 개인은 자신이 가지는 기능, 신념은 환경과 상호작용을 통해 목적달성을 촉진하고 바람직한 결과를 가져오게 한다.

자발적 의사결정론자들은 청소년의 장애문제에 큰 관심을 갖는다. 장애청소년은 자기 자신의 자발적 의사결정에 필요한 기술이 결여되어 있다. 장애학생은 자발적 의사결정 기능이 떨어지기 때문에 그들의 자발적 의사결정의 기능을 향상시키는 것이 무엇보다도 중요하다. 특수교육에서는 이것에 특별한 관심을 가질 필요가 있다.

역사가 짧은 긍정적 심리학도 청소년의 자발적 선택의 중요성에 깊은 관심을 갖고 있다. Erik Erickson(1902~1994)의 정체발달이론, John Bowlby(1907~1990)의 애착이론, 긍정적 발달이론은 청소년의 강점을 발견하는 데 큰 역점을 두고 있다. 이와 같은 움직임은 인본주의 심리학에 역점을 두고 있는데, 이는 개인의 잠재적 능력과 실행기능의 개발에 역점을 두고 있다.

또한 자발적 의사결정에 깊은 영향을 주는 것은 지능이다. 이는 자발적 의사결정의 기능과 깊은 인과관계가 있다. 지능이 높은 사람일 수록 보다 효과적으로 자발적 의사결정을 할 수 있다. 자발적 의사결정과 성별 차는 확실하게 발견된 것이 별로 없다. 지적장애자에게는 지능보다 선택의 기회와 같은 외적 요인이 매우 의미 있는 요인이다. 생활환경과 작업환경은 자발적 의사결정의 일차적 예언 변인이다. 지역사회에서 활동하는 청소년은 자율적이고 보다 많은 선택의 기회를 갖지만, 이와는 달리 제한적 환경에서 생활하는 청소년의 자발적 선택기능은 크게 떨어진다.

개인의 교육, 지식, 선천적 요인은 그의 연령, 성별, 지능수준보다도 자발적 선택의 기능을 예언하는 일차적 요인이다. 환경적 요인은 자기결정과정에서 아동의 선택과 의사결정과정에 깊은 영향을 준다. 교사, 학우 그리고 주변 사람들과 밀접한 관계를 맺는 것은 자발적 의사결정에 긍정적 영향을 준다. 관계성의 감정은 아동의 안정감을 신장시키고 자발적 의사결정에 긍정적 영향을 준다.

의사결정 기능의 신장

자발적 의사결정의 기술은 장애자의 교육 및 후속 기술습득은 물론 자립과 취업을 위한 직업선택, 그리고 삶의 질을 향상시키는데 매우 필요하다. 특히 자발적 의사결정은 교육 프로그램 작성에 매우 큰 비중을 찾는다. 자발적 의사결정의 기술은 의사결정, 자기증진, 자기효험성, 자각성의 개발에 매우 유용하게 사용된다.

효과적인 자발적 자기 의사소통은 자기 결정 프로그램에 기초를 두고 진행된다. 이 프로그램은 자기 자신의 각성, 자기 가치의 평가, 자기 지식과 자기 각성, 계획과 행동은 특수기술의 습득, 결과와 결과경험과 학습요소가 목적과 기술을 평가하고 성공으로 이어지는 기술이다. 프로그램에는 자기가 원하는 기술, 자기가 얻고자 하는 기술은 평생을 두고 지속된다.

자각과 같은 개인적 특성은 자기 의사결정의 기본과정이다. 목적 설정은 자기 의사결정에 의해 결정된다. 선택과 태도도 자기 의사결정에 큰 영향을 미친다. 생태학적 입장에서 보면, 개인의 사회적 환경은 자기 의사결정 능력을 향상시키기도 하지만 그 기능을 손상시키는 기능도 있다. 사회적 관점에서 보면, 학교는 청소년의 자발적 의사결정의 원칙으로 여기서 자발적 의사결정 능력이 싹트고 신장된다.

자발적 의사결정 능력을 향상시키는 것이 학교교육의 일차적 목적이며, 이는 장애의 여부와 무관하게 이뤄져야 한다. 자발적 의사결정 이론에 따르면, 심리적 욕구, 자동성, 기능, 관계성의 욕구가 충돌되면 궁극적으로는 자기 제어된 학습자가 된다고 한다. 이렇듯 학생들은 자신의 동기를 보다 잘 내면화할 수 있고 자기 제어된 학습을 수행할 수 있다.

영성

영성

청소년의 발달과정은 한 삶에 있어서 매우 복잡하고 중요한 의미를 갖는다. 그 가운데 영성(Spirituality)과 종교(Religion)가 차지하는 비중은 매우 크다. 문화권 차이가 없는 것은 아니지만, 청소년의 95%가 신의 존재를 믿는다. 청소년의 75%는 종교를 가지고 있고, 그들의 60%는 영성에 큰 의미를 부여하며 48%는 그에 대한 강한 욕구를 가지고 있다.

미국 대학생 11만 2,232명을 대상으로 한 연구에서 77%가 자신은 영성을 믿으며 그들 중 80%는 성신을 믿는다고 응답하고 있다. 청소년은 삶 자체에 매우 추상적인 의미를 부여한다. 하지만 자신이 인지적으로 성장한 후에는 자신의 삶에 보다 실질적인 의미를 부여한다. 청소년 발달에 있어서 영성이 주는 영향은 매우 크지만 이들의 영성과 종교에 대한 연구문헌은 1%에도 미치지 못한다. 이와 같은 사실을 어떻게 해석해야 하는가에 관심을 가지는 사람이 늘어나면서 대답을 바라는 사람도 결코 적지 않다.

연구자들에 따라 영성에 대한 정의는 매우 다르다. 다양한 정의를 종합해 보면 다음과 같은 아홉 가지로 분류할 수 있다.

- 연결성 혹은 관계성
- 보다 높은 연결성으로의 과정
- 정신에 대한 믿음
- 신념
- 전통적 제도에 대한 구조
- 쾌락 경험
- 성신에 대한 신념
- 개인적 초월
- 존재에 대한 관심

영성과 종교는 엄격하게 구별할 필요가 있다. 종교가 성신에 관계되는 유의미성을 탐구하는 것이라면 영성은 성신에 보다 밀접하게 접근하는 것이다. 성신은 성인으로 간주되기도 하고, 본질적 현실 혹은 진리로 인식되기도 한다. 이와는 대조적으로 종교는 제도적 신념이나 신성과 관계되나, 신성과 제도적 신념은 영성에 대한 연구와 연결 지을 필요가 없다. 영성은 종교와 보다 밀접한 관계가 있다. 특히 종교적 영성은 종교에 의해 정의된 접속성과 연결성을 갖는다. 인본적 영성은 인간과 접촉한다. 자연적 영성은 자연과 접촉·연결한다. 우주적 영성은 우주와 연결된다.

UCLA의 한 고등교육연구소에서는 영성을 영성 속성과 종교적 속성으로 구분하고 있다. 영성 속성은 영성의 문제(삶의 문제에 대한 응답), 보편적 세계관(초월, 자기중심성), 윤리적 선호(자비), 자선

(타인에 대한 봉사), 평등성(내적 평화를 포함함) 등을 포함한다. 종교적 속성은 종교적 위탁(종교와의 동일시), 약속(종교의 행동 측면), 보수주의와 동일시, 회의론(신앙에 대한 의문 제기), 특성(종교로부터의 일탈) 등을 포함한다.

영성은 넓은 의미로 정의할 수 있고 좁은 의미로도 해석할 수 있다. 넓은 의미로 영성을 정의하는 사람은 영성은 개인적인 것이고 사적인 것으로 인간의 물질적 측면을 초월해 영성을 전체성, 연결성을 인정하고 무한의 세계에 도전한다. 이러한 관점에서 보면 영성에는 다음과 같은 의미가 있다. 즉, 자아를 초월한 힘의 존재를 믿으며 기도에 의존한다. 삶의 의미와 목적, 희망과 낙관주의, 사랑과 열정, 도덕적 · 윤리적 한계, 초월에 대한 경험이 함축된다.

이와는 달리 좁은 의미의 영성에는 실존적 혹은 초월적 경험이 내포된다. 이들은 삶의 기본적 문제, 자성적 행동에 역점을 둔다. 또 다른 의미에서 보면 영성도 신, 자아, 지역사회 그리고 환경과 관계된다고 정의하기도 한다. 이는 어느 것이나 전체적 양육과 축하로 이어지는 것들이다.

이와 같은 관점에서 보면 영성의 욕구에는 의미, 목적, 초월성, 통합성, 가치, 종교적 참여, 용서, 타인에 대한 봉사와 사랑, 감사, 죽음에 대한 의미가 내포된다. 다른 한편, 좁은 의미로 정의한 영성도 생각할 수 있다. 이는 실존적 혹은 초월적 문제제기, 자기 효험적 의미가 내포되어 있다. 영성을 성신에의 접근 혹은 그와 보다 밀접한 관계를 의미하기도 한다.

문헌상에 나타난 영성에 대한 여러 가지 공통적 요인을 통합해 볼 수 있다. 여기에는 삶의 의미와 목적, 성신에 대한 탐색, 희망과 실망, 용서, 건강의 보존 등이 포함된다. 세 가지 기본요인으로, 첫째, 인간존재에서 수평성과 수직성을 발견할 수 있다. 여기서 수평성은 자기 자신, 다른 사람 그리고 자연과의 관계를 의미한다. 이와는 달리 수직성은 높은 세계와의 초월적 관계를 의미한다. 둘째, 삶과 죽음에 대한 영성적 문제에 대한 신념이다. 셋째, 삶의 의미에 대한 문제이다.

영성의 기술은 크게 질적 접근법과 양적 접근법으로 분류된다. 연구자들은 장점은 극대화시키면서 단점은 최소화하는 데 세심한 주의를 기울인다. 영성의 특성은 단일문항이나 단일척도를 사용해서 측정하는 경우가 많다. 연구자는 개인의 삶에 있어서 중요성, 가족, 건강, 사회적 지위, 마음의 평화상태도 이와 같은 방법을 쓴다. 개인의 종교관을 평가하기 위해 다시 몇 개의 문항을 사용하기도 한다. 즉, 단일문항 측정이다.

단일문항 측정을 위해 신뢰도나 타당도가 반드시 입증되어야 한다. 그렇지 않을 때에는 여러 가지 측정학적 문제가 따른다. 이러한 문제를 극복하기 위해서는 영성의 컨스트럭트를 개발할 필요가 있다. 이를 위해 개발한 것이 구조적 동일모델이다. 영성 측정을 위해 질적 방법(개방적 질문사례 연구)을 사용할 수도 있다.

질적 평가에는 여러 가지 방법이 있다. 여기에는 자연관찰법, 연역적 분석법, 질적 자료분석 대인접촉, 특이한 사례연구, 동정적 배려, 유연성의 개발 등이 포함된다. 아동의 영성특성을 평가하기 위해서 아동의 삶과 죽음을 주제로 그림을 그려 보기도 한다.

영성의 이론에는 세 가지 특징이 있다. 첫째, 인간의 영성의 본질에 역점을 둔다. 그들은 영성을 삶의 본질이라고 본다. 심리적 모델은 의미, 축적, 성장, 자기 실험을 기본으로 하며 자기수용, 환경정복, 자연과의 긍정적 관계, 삶의 목적, 개인의 성장 등을 포함한다. 웰니스 모델은 정서의 중심성, 지적 자극, 신체적 리질리언스, 심리적 낙관성, 사회적 연구를 포함하는데, 여기서 영성 삶의 목적을 가장 기본적인 차원으로 간주한다.

둘째, 영성발달의 본질에 역점을 둔다. 심리사회적 발달이론에 따르면, 청소년기는 자아발달 시기로서 자아의 주체성과 역할의 갈등을 피할 수 없는 시기이다. 주체성의 기본적 차원은 위기와 참여의 시기이다. 이는 종교의 주체성 혹은 영성 주체성을 경험하는 시기이다. 특히 영성발달이나 신앙발달에는 6단계가 있는데, 3단계와 4단계는 청소년의 영성발달과 깊은 관계가 있다. 3단계의 영성발달 단계에서의 신앙은 종합적이고 편리적인 것으로서 자신의 신념이 고려되지 않는다. 4단계에서는 개인중심의 신념이 강해 투쟁과 선택이 두드러지게 나타난다. 이는 성숙한 영성을 위한 기본적 요소이다.

신앙발달 모델에서는 5단계의 영성발달을 주장한다. 자기중심적 신앙(1단계), 독단적 중심(2단계)을 거쳐 초월적 신앙(3단계)에 이르게 되는데, 이 단계에서 청소년은 인지기능이 발달되고 대인관계의 관점에서 사고하게 된다. 이 3단계를 성공적으로 극복하게 되면 청소년은 4단계(재구성된 내면화된 신앙)와 5단계(초월신앙)로 발달한다. 초월적 신앙은 유연성이 보장된 신앙으로 심리영성 한계를 투시할 수 있다.

셋째, 영성과 청소년의 발달단계에 역점을 둔다. 청소년 발달에는 40개의 특성이 있는데, 여기서 삶의 의미와 긍정적 신념이 중요한 기능을 한다. 영성발달은 종교적 동기에 큰 영향을 미치는데, 여기서 영성은 삶의 의미와 희망의 기능을 한다.

청소년의 영성과 발달

청소년의 영성은 3단계를 거쳐 성숙한다. 첫째 단계는 각성의 단계로서 이는 영성주체성, 의미, 목적의 발달과 밀접한 관계가 있다. 둘째 단계는 상호관계, 연결의 과정으로 자신과의 관계를 의미한다. 여기에는 신성도 내포된다. 셋째 단계는 삶의 방법으로서 자신의 영성 주체감을 삶의 과정에서 어떻게 수행하였는가를 살펴보게 된다. 가족, 문화와의 관계에도 깊은 영향을 준다. 청소년의 발달은 생태학적 요인 외에 다른 요인에 의해서도 영향을 받으나 특히 부모의 기대감의 영향을 크게 받는다.

사회적 학습 이론의 견지에서 보면, 청소년의 영성모델은 종교적 행동을 모방한 것에 지나지 않는다. 주변 사람들의 행동은 청소년의 영성발달에 영향을 준다. 그들의 행동을 통해 청소년은 서로 신뢰의 감정이 신장되고 밀접한 대인관계를 형성해 나가게 된다. 청소년의 영성발달은 부모와 친구의 영향을 크게 받는다. 친구, 가족, 특히 모성애는 아동의 관계 영성발달과 밀접한 관계가 있다.

영성과 삶의 질을 몇 가지 점에서 살펴볼 필요가 있다. 영성은 삶의 질을 결정하는 기본조건이며 삶의 부수물이다. 영성은 삶의 결과이며 다른 요인의 조정에 의해 결정된다. 영성은 삶의 질을 결정하는 선행조건이다. 의미가 없는 삶, 즉 실존적 진공상태에는 정신적 문제가 수반된다는 것이 로고테라피스트의 주장이다. 삶의 의미를 상실하면 실존적 좌절감에 벗어나지 못하게 되어 권태감에 사로잡히게 된다. 실존적 진공상태에 반드시 신경증이 수반되는 것은 아니지만 그것이 정신병을 유발하는 주요 요인이 된다는 주장에 주의할 필요가 있다.

청소년의 삶의 목표는 그의 발달과 깊은 인과관계가 있다. 삶의 의미, 웰빙, 정신병리 그리고 영성은 밀접한 관계가 있다는 점을 생각할 수 있다. 이와 같은 생각은 다음과 같은 사실에 의해 그 상관성이 입증되고 있다. 삶의 의미의 수준이 높으면 정신적으로 건강하고 보다 건전한 영성을 경험할 수 있다. 종교는 삶의 목표를 제공하고 가치체계는 삶의 의미를 제공한다. 이와 같이 삶의 의미와 가치체계는 개개인을 서로 다른 사람으로 성장시킨다. 청소년의 종교 · 영성은 건강과 밀접한 관계가 있다.

청소년의 영성은 그의 발달과정에서 매우 중요한 의미를 갖기 때문에 그들의 영성을 신장 · 발달시킬 필요가 있다. 이를 위해 여러 가지 발달 책략이 필요하다. 먼저, 종교와 영성을 서로 다른 형태로 이해시킬 필요가 있다. 그것은 이해하는 것만으로는 부족하며, 보다 깊이 생각하고 경험할 필요가 있다. 우리가 존재한다는 것이 무엇인가, 우리는 지금 어디를 향해 살아가고 있는가를 깊이 생각하고 종교적 활동에 보다 적극적으로 참여해야 한다. 이 외에 영향력이 있는 주변 사람과도 수시로 접촉하고, 지역사회의 교육프로그램, 예를 들어 용서 프로그램 훈련에도 적극적으로 참석할 필요가 있다. 이를 통해 주위 사람들을 용서할 수도 있고, 용서하는 태도를 스스로 신장시킬 수 있다.

영성과 성격

영성과 성격은 PYD를 구성하는 단순한 구성요소가 아니다. 그것에는 청소년의 정신사회적 기능을 신장시키는 기능이 포함되어 있다. 긍정적 심리학은 PYD에서 아동의 성격연구가 이론적 측면 그리고 측정기술 측면에서 공헌하였다. 성격에 대한 조작적 정의를 제안한 Christopher Peterson(1950~2012)과 Martin Seligman(1942~)은 그들의 VIA 분류체계에서 24개 성격강도와 6차원의 덕목을 유목화하였다. 주요 덕목(6개)과 성격강도(24개) 및 그 기능은 〈표 2-1〉과 같다.

〈표 2-1〉 주요 덕목과 성격강도의 구조 및 기능

구분	주요 덕목					
	지혜와 지식	용기	인간성	정의	절제	초월
성격 강도	• 창의성 • 호기심 • 관대함 • 지식사랑 • 정확한 사물판단	• 용감 • 지구력 • 성실성 • 활력과 열정	• 사랑 • 친절 • 사회적 지능	• 시민권/팀워크 • 동정심 • 리더십	• 용서/자선 • 겸손/정숙 • 신중성 • 자기조절	• 미의 탁월성 존중 • 감사 • 희망과 낙관주의 • 유머와 쾌활 • 영성

• 지혜와 지식 지식의 습득과 그 활용을 조정하는 인지적 특성

1. 창의성 일을 처리할 때 새롭고 생산적인 것이 무엇인가를 생각한다.
2. 호기심 경험의 확대 – 모든 일에 관심을 갖는다.
3. 관대함 모든 측면에서 사물을 생각한다.
4. 지식사랑 새로운 지식, 새로운 기술을 익힌다.
5. 정확한 사물판단 다른 사람에게 현명한 조언을 한다.

• 용기 난관에 직면하였을 때 목표성취의 의지 및 특징

6. 용감 위함, 역경, 도전에 직면해도 위축되지 않는다.
7. 지구력 시작한 일은 끝을 맺는다. 어떤 난관에 직면해도 하던 일을 지속한다.
8. 성실성 진실을 말하고 자신의 의견을 솔직하게 표현한다.
9. 활력과 열정 정력적으로 생활한다. 중도에서 중단하지 않는다. 모험적 삶을 산다.

• 인간성

내적 갈등에 직면하였을 때 나타나는 특성

10. 사랑 — 다른 사람과의 관계를 중요시한다. 사람과 친근하게 지낸다.
11. 친절 — 선의를 베풀고 선행을 한다. 사람을 돕는다.
12. 사회적 지능 — 다른 사람들과 자신의 생각을 헤아린다. 상태에 따라 행동할 수 있다. 무엇이 다른 사람의 마음을 상하게 하는 것인지를 잘 안다.

• 정의

대인관계의 특성

13. 시민권/팀워크 — 집단성원으로서 일을 성취한다. 집단에 충성한다. 서로 역할을 분담한다.
14. 공정성 — 대인관계에서 공정성과 정의에 따른다. 모든 사람에게 공정하게 대한다.
15. 리더십 — 집단 내에서 좋은 대인관계를 유지한다. 자신이 속한 집단의 용기를 돕는다.

• 절제

과잉성으로부터 자기보호

16. 용서/자선 — 잘못을 저지른 사람을 용서한다. 다른 사람의 단점을 수용한다. 복수하지 않는다.
17. 겸손/정숙 — 자신이 성취한 것은 자기 스스로 간직한다. 남에게 노출시키지 않는다. 자신을 다른 사람과는 다르다고 생각하지 않는다.
18. 신중성 — 조심스럽게 행동한다. 위험한 선택을 하지 않는다. 후회할 행동은 하지 않는다.
19. 자기조절 — 자신의 행동과 감정을 스스로 통제한다. 자신의 식성과 정서를 통제한다.

• 초월

숙세와의 단절

20. 미의 탁월성 존중 — 넓은 우주를 생각하고 거기서 의미를 찾는다. 모든 일에서 미를 발견하고 거기서 탁월함을 느낀다. 자연, 예술, 수학, 과학에서 탁월한 기술을 발휘한다.
21. 감사 — 선한 일에 감사한다. 감사하는 시간을 갖는다.
22. 희망과 낙관주의 — 미래의 선을 추구하고 그것을 성취하기 위해 노력한다. 좋은 일은 찾아오기 마련이다.
23. 유머와 쾌활 — 웃고 즐기는 것이 좋다. 즐거운 농담을 한다.
24. 영성 — 삶에 있어서 최고의 의미를 추구한다.

영성에는 삶의 의미와 목적을 추구하는 기능뿐만 아니라 죽음의 문제를 초월해서 영생을 추구하는 기능도 있다. 영성은 청소년의 긍정적 발달의 근원이다. 이론적으로 보면 성격과 영성은 쓰라이빙(thriving)의 개념과도 밀접한 관계가 있다. 쓰라이빙 과정에서 청소년은 도덕관념과 시민의식의 수준이 성숙되어 그의 원만한 사회생활에 큰 도움을 준다. 쓰라이빙 과정에서는 개인은 초월의 입장에서 문제해결을 시도한다. 그러므로 쓰라이빙은 청소년의 영성개발을 촉진하고 그로 하여금 보다 성숙한 청년기로 발달하게 하는 원동력이 된다.

존재/실존심리학

긍정적 심리학은 1990년에 일어난 미국 심리학의 극적인 큰 변화의 산물이다. 그 변화의 원동력을 제공한 것은 펜실베이니아 대학교 심리학 교수 Martin Seligman이다. 그는 미국심리학회장 취임사에서 긍정적 심리학의 필요성을 주장하였다. 모든 성인은 행복한 삶을 위해 자기성격의 지표강도를 발견하여 그것을 최상의 수준까지 상승시키는 것은 물론 바람직하지 못한 특성은 수정·보완할 필요가 있다고 강조하였다.

청소년에게는 성인과 마찬가지로 자신의 성격강도의 특성을 발견하고 그것을 신장시키는 기능이 있다. 따라서 가족과 사회는 이와 같은 특성을 발견하는 것이 중요하다. 이것은 전통적 아동치료와 근본적으로 다른 점이다. 그들은 죽음, 자유, 책임 그리고 삶의 의미에 깊은 의미를 부여한다. 정신병을 포함한 불안, 고독, 우울증은 인간성장과정에서 나타나는 행동변화이다. 이와 같은 주장은 많은 철학자들의 주장과 크게 다르지 않다.**

실존심리학은 실존주의 철학의 이론을 기본으로 하여 발달한 실존심리학이다. 이는 인간행동의 주관적 의미, 개인의 특이성 그리고 개인의 책임성을 강조한다. 실존심리학을 보급하는 데 가장 큰 공헌을 한 사람은 Viktor Frankl(1905~1997)이다.

인본주의 심리학자들의 주장에 따르면, 한 인간의 삶은 특이한 존재로서 심리학적으로나 정신의학적으로 그 존재의 특이성을 인정받아야 한다. 인본주의 심리학의 특징은 20세기 심리학의 주류인 행동주의 심리학과 정신분석을 멀리하는 것이다. 인본주의 심리학은 인간의 잠재적 기능의 중요성을 크게 강조하는 1960년대의 미국 심리학의 특성이었다.***

실존심리학자와 인본주의 심리학자는 인간의 잠재적 기능의 중요성을 강조한다. 청소년 결핍모델은 건전한 청소년의 본질을 이해하는 데 도움이 되지 못한다. 청소년에게는 값진 유연성과 다양성이 있기 때문에 그것을 바탕으로 새로운 청소년 상을 개발할 필

**Soren Kierkegaard(1813~1855), Friedrich Nietzsche(1844~1900), Edmund Husserl(1859~1938), Max Scheler(1874~1920), Martin Heidegger(1889~1976), Jang Paul Sartre(1905~1980)

***Carl Jung(1875~1961), Rollo May(1909~1994), Abraham Maslow(1908~1970), Carl Rogers(1902~1987), Erich Fromm(1900~1980)

제2부 주요 PYD 컨스트럭트 및 그 기능

요가 있다. 이는 실존심리학이나 인본주의 심리학의 지식을 필요로 한다.

Karen Horney(1885~1952)는 독일 출생 정신분석자로서 여성주의 심리학자로 인정을 받는다. 그는 Sigmund Freud의 주장을 과소평가하고, 인간의 특성은 정신성욕보다는 사회문화적 요인에 의해 그 특징이 결정된다고 주장하였다. Freud는 물론 그의 추종자들은 인간의 특성을 이해하는 데 있어서 개인이 가지는 병리적 결손에 역점을 두었다. 그들은 개인의 강점보다 결손의 특성을 바탕으로 개인의 특성을 진단하고 치료한다.

Sigmund Freud(1886~1939)는 오스트리아의 정신분석학자로 정신성욕의 기능을 바탕으로 아동과 성인의 특성을 규명하는 데 크게 공헌하였다. 그는 인간발달에 있어서 정신성욕의 기능이 갖는 의미를 크게 강조하였고, 인간발달의 부정적 측면에 보다 큰 비중을 두었다. 그의 주장은 후학 정신분석학자들에게 큰 영향을 주었다. Freud의 정신성욕이론은 신프로이트학파의 혹독한 비판을 면치 못하고 있다.

신프로이트학파의 분석자들은 인간발달에 있어서 정신성욕보다는 사회환경에 역점을 두었다. 덴마크계 미국 발달심리학자인 Erik Erikson(1902~1994)은 인간의 성욕보다는 사회성의 발달이 개인의 성장발달을 신장시킨다고 주장하였다. 그는 Freud의 정신성욕설에 반기를 들고 인간발달에 있어서 정신사회적 요인의 중요성을 강조한 대표적인 학자이다.

청소년은 생물학적인 변화 때문에 밤에는 늦도록 잠자리에 들지 않고 아침에는 늦도록 수면을 취하는 경향이 있다. 아이들이 일찍 일어나서 학교에 가는 사회적 문화는 아동의 수면발달의 결과로 이어진다는 주장도 있다. 청소년의 광란을 유발하는 생물학적 요인은 유전이다. 유전인자가 곧 기분장애를 유발하는 경향이 있다. 정서제어의 장애가 곧 청소년의 광란을 유발하는 원인으로 작용하는 사례도 많이 있다. 기분장애와는 달리 부모와 갈등, 위협행동에 따른 광란의 생물학적 요인의 영향의 산물이라는 주장은 극히 제한적이다.

여기서 광란의 생물학적 요인과 문화적 요인이 상호작용의 산물이 광란이라는 현상을 일으킨다는 미국 브라운대학교 의과대학 정신과 및 인간행동과학과 교수인 Mary Carskadon의 주장은 다음과 같다. 청소년기가 광란이 최고조에 이른 시기라는 점에 대해서 반론을 제기하는 사람은 없다. 왜 그런 특성이 나타나는지에 대해서는 많은 사람이 의문을 제기한다. 광란은 사춘기에 발생하는 생물학적인 현상인가? 개인의 문화적 사치의 산물인가? 지금까지 발표된 자료를 보면 생물학적 변화에 따른 행동특성이라고 볼 수 있다. 기분장애를 두고 생각해 보자. 이는 사춘기에 발생하는 호르몬의 급격한 변화현상이라고 보는 경향이 있다. 하지만 호르몬의 단일 요인의 산물이 아니고 여러 가지 요인의 통합 산물로 보는 것이 보다 건전한 생각이라는 주장도 크게 각광을 받는 것이 광란에 대한 현대적 해석이다.

부모와의 갈등이나 기분장애와는 달리 위험행동의 비율은 청소년 후기에 절정에 이른다. 10대의 범죄율은 18세에 절정을 이루고 그 후에는 그 빈도가 떨어진다. 약물중독은 20세에 절정을 이루며, 자동차 사고는 10대 후반에 가장 많다. 또한 성범죄율은 20대 초반에 가장 높다.

　이와 같은 위험행동은 그들의 광란과 밀접한 관계가 있다. 청소년, 특히 여자는 남자보다 반사회적 행동, 범죄행동과 관계되는 사례가 많다. 이와 같은 청소년의 광란은 범죄행동과 유사한 것으로 건전한 청소년에서는 극히 정상적인 것이다. 연구결과에서도 이와 같은 특징이 두드러지게 나타나고 있고, 선진 서양사회에서 일어나고 있는 사실을 보아도 그렇다. 10대와 20대에서 이뤄지는 비행은 다른 연령층에서 발생하는 것보다 현저히 많다. 이와 같은 비행은 곧 자신을 포함한 타인 상해, 약물오용, 성행동, 자동차 도둑으로 이어지기도 한다. 이와 같은 비행의 원인은 대인관계의 불만족, 학업성적의 저하, 부모의 불행한 결혼생활 등에서 찾을 수 있다.

　청소년의 극단적 정서는 고대로부터 내려오는 광란의 특성으로 지목되고 있다. 청소년은 기분의 변화가 급작스럽게 일어나고, 기분이 충천되었다가도 곧 우울해지는 것이 특징이다. 사춘기와 기분변화는 어떤 관계가 있는가? 별로 의미 있는 관계는 없는 것으로 알려지고 있다. 청소년기에는 부정적 정서가 폭발하는 사례가 많은데, 이러한 특성은 특히 여성 청소년에게서 더 빈번하게 나타난다. 청소년의 기분장애는 그 특징이 일정하지 않고 여러 가지 주어진 조건에 따라 크게 달라진다.

청소년은 교사나 부모의 지혜를 수용하지 않는다. 이는 인간 진화의 산물이며 동시에 아동의 자율의 욕구와 상반되기 때문이다. 부모와 아들의 갈등보다 부모와 딸 사이의 갈등이 보다 심하다. 부모-자녀의 갈등은 불편한 생활의 표출이다. 부모는 자기의 아이가 발달과정에서 가장 견디기 힘든 시기가 청소년기라고 생각하는데, 아이가 우울증에 빠졌을 때 가장 심한 갈등을 느낀다.

청년기에는 자기 자신이나 주위 사람들을 해치는 경향이 있다. 이는 청소년의 광란의 특성의 전부가 아니다. 청소년의 광란의 특성은 학교생활에서도 흔히 발견되는데, 인류학자, 정신분석학자나 기타 다른 분야의 전문가들도 청소년의 광란의 문제를 두고 많은 논쟁을 하지만 지금까지 그들의 특성을 만족스럽게 설명해 주는 임상가도 연구자도 없다. 이것이 광란의 실체이다.

자기효험성

자기효험성

자기효험성은 일종의 자기 자신의 능력과 신념들에 대한 자기 신념이다. 이 개념은 1970년대에 Albert Bandura(1925~2021)에 의해 발표된 것으로 인간의 행동 이해에 큰 변혁을 가져왔다. 여기서 인간의 행동은 환경은 물론 인지기능의 지속적 영향을 받는다. 자기효험성은 1990년대 후반에 발표된 청소년의 인지기능 연구에 널리 활용되고 있다.

자기효험성의 신념은 자기행동을 자신의 능력으로 통제할 수 있다는 신념이다. 즉, 자기효험의 신념은 자기의 감정이나 사고를 어떻게 통제할 것인가를 결정하는 신념이다. 이 개념은 두 가지로 사용된다. 그중 하나는 자기의 특정한 행동을 스스로 수행할 수 있다는 신념이고, 다른 하나는 특정한 어려움을 예방, 통제, 극복할 수 있다는 신념이다. 전자는 과제 자기효험이고, 후자는 극복 자기효험이다. 이 두 가지 방법은 청소년의 증거추적발달의 견지에서 보면 매우 유용한 방법이다. 왜냐하면 청소년은 자신의 주체감 형성에 많은 관심을 가지기 때문이다.

자기효험성은 질적인 방법과 양적인 방법으로 측정된다. 리커트

척도를 사용하여 개인의 여러 가지 경험, 사회적 수용 그리고 생리적 상태를 정확하게 측정할 수 있다. 이들의 특성은 원인분석의 결과에 따라 서로 다르게 나타나는 수가 있다. 자기효험성의 특성을 보다 쉽게 평가할 수 있다. 현장이나 교실 내의 행동특성은 질적 방법으로 측정된다. 이 방법은 자신의 문제를 적절하게 해결하기보다는 그것을 숨기려고 할 때에는 본인의 동기, 정서, 과제선택, 그리고 문제해결의 특성을 발견하는 데 역점을 두어야 한다.

자기효험성에는 매우 복잡하고 특이한 특성이 있기 때문에 연구자가 가정하는 가설을 보다 효과적으로 평가하는 방법을 적용할 필요가 있다. 자기효험성의 이론은 학습이론, 인지이론, 사회적 인지이론 등에 기반을 두고 있다. 이러한 이론들은 모두 자기효험성의 본질, 심리적 과정을 밝히는 데 큰 도움이 된다.

학습이론은 조건화 과정을 바탕으로 자기효험성의 과정을 설명하고 그것이 어떤 결과로 이어질지를 잘 설명하고 있다. 인지이론은 인지과정을 중심으로 자기효험성의 형성과정을 설명한다. 사회적 인지이론은 인간의 기능을 인지, 행동과 환경의 상호작용의 산물로 간주하고, 그것을 바탕으로 자기효험성의 형성과정과 그 결과를 예언하기도 한다.

개인의 자기효험성의 성취 수준과 그 결과는 학습능력, 질문선택 결과에 의해서 객관적으로 평가된다. 자기효험성의 신념은 동기, 자아개념, 낙관성, 불안, 가치와 같은 여러 가지 심리적 과정을 통해 형성된다. 또 그것은 자기효험성의 인지과정을 통해서 형성된다. 여기에는 자기능력, 기술, 목표, 문제해결능력, 과제성취를 위한 의욕 등이 포함되며, 동기과정을 통해서 형성된다. 자기효험성 기능은 자기제어 동기에 영향을 주며, 정동과정을 통해서 형성된다. 극복능력에 대한 자기능력은 개인의 감성, 지각의 수준에 영향을 주며, 불안과 우울과 같은 위협을 극복하는 데도 영향을 준다.

자기효험성은 위협 과정과 스트레스에 직면하였을 때 그에 적응하는 방법을 제시해 준다. 또한 자기효험성은 선택과정을 거쳐서 형성된다. 개인의 기능은 개인의 주거지, 경력, 가족구조 그리고 시간 활용의 특성에 따라 다르게 나타난다. 자기효험성의 신념 수준이 높은 사람은 능력이 있는 사람을 선택하고 그러한 욕구를 성취할 수 있는 물리적 환경을 선호하는 경향이 있다.

여러 가지 과정을 거쳐서 형성된 자기효험성의 신념은 여러 가지 과정을 겪으면서 크게 변한다. 신비로운 경험을 했거나 어떤 과제수행에서 큰 성공경험을 얻게 되면 자기효험의 수준이 크게 향상된다. 젊은 사람이 모험과 같은 일에 성공하게 되면 자신의 성공과 발달에 대단한 긍정적 자기효험성을 얻게 된다. 주위의 부모나 교사와 같은 사회적 모델이 보다 큰일을 성취하는 것을 보면 자신의 자기효험성의 신념이 고조된다. 부모, 교사 혹은 친구가 도전 장면에서 그것을 성공적으로 극복하는 효과적인 성취 혹은 극복 모델은 기술과 책략을 촉진하는 역할을 하며, 자기효험을 신장시키는 기능을 한다. 주위의 영향력이 있는 모델, 즉 교사나 부모의 사회적 설득은 청소년의 자기효험성의 감정을 상승시킨다. 성인의 조언은 청소년에게는 멘토의 효과가 있다. 멘토의 역할은 청소년에게는 유용한 자기효험성의 밑거름이 된다.

개인의 생리적/정동적 상태는 개인의 자기효험의 상태에 직간접적으로 영향을 준다. 개인의 생리적 상태와 정서적 상태는 개인의 피로감과 의사결정 상태에 영향을 준다. 또한 여러 가지 정보에 대한 해석능력에도 영향을 준다. 상상력은 자기효험의 기능을 신장시킨다. 성공경험이나 실패경험에 대한 반복 회상은 극복책략을 증대시키고 자기효험성의 신념을 증대시킨다. 역할수행은 젊은 시절의 경험을 되살리고 그에 대한 준비를 위해 큰 도움을 준다.

자기효험성의 신념 형성에 영향을 주는 심리적 과정을 조심스럽게 이해하고 그것을 조장하는 것은 자기효험성 신념의 형성을 이해하는 데 큰 도움이 된다. 자기효험성의 신념을 신장시키기 위해서 자기효험 이론과 그 본질을 개념화하려면 그에 대한 질적 방법과 양적 방법을 활용해야 한다. 자기효험성의 신념은 학구열의 특성, 문화예술의 예민성을 일반적 특성보다 의미 있게 고려해야 한다. 또한 새로운 자기효험들 간의 관계를 세밀하게 검토해야 한다.

자기효험성이 인간행동에 미치는 영향

자기효험성은 인간행동에 긍정적 영향을 주기도 하지만 부정적 영향도 준다. 자기효험성의 특성에 따라 선택의 유형이 달라지기도 한다. 자기효험성의 수준이 높은 사람은 적극적으로 과제를 선택하

제2부 주요 PYD 컨스트럭트 및 그 기능

나 자기효험성이 낮은 사람은 과제선택을 피하는 경향이 있다.

자기효험성의 수준과 실제 자기능력의 차이에 따라 과제수행에 필요한 능력평가가 달라진다. 자기효험성이 높으면 과제수행에 필요한 능력을 과대평가하고, 자기효험의 수준이 실제 자기의 능력보다 낮으면 자기효험성이 자기 능력보다 약간 높을 때에는 보다 적극적으로 과제수행에 용기를 갖는다.

과제수행의 특성은 자기효험성의 수준에 따라 결정된다. 자기효험성이 높으면 과제수행의 동기가 높고 과제수행을 위해 지속적으로 노력하나 자기효험성이 낮으면 학습을 통한 무기력감에 빠진다. 이는 Martin Seligman이 실행한 실험에서 동물에게 전기쇼크를 주었을 때 나타나는 현상과도 같다. 자기효험성이 낮은 동물은 안전한 곳으로 피하려는 의욕이 없는 반면, 자기효험성이 높은 동물은 보다 안전한 곳을 찾아간다.

과제의 복잡성과 환경의 특성은 자기효험성과 깊은 관계가 있다. 과제의 내용이 복잡한 경우 자기효험성과 과제수행의 결과가 매우 낮으나 과제내용이 쉬운 경우는 자기효험성과 과제수행의 결과가 매우 높다.

자기효험성은 개인의 사고와 반응에 여러 가지 변화를 일으킨다. 자기효험성의 수준이 낮은 사람은 과제가 사실보다 어렵다고 생각하고 자기효험성 수준이 높은 사람은 과제가 사실보다 쉽다고 생각한다. 자기효험성의 수준이 낮은 사람은 과제의 특성을 예상하기 어렵다. 자기효험성의 수준이 높은 사람은 과제수행을 위해 과제를 보다 광범위한 관점에서 본다.

실제 건강증진 운동 장면에서 자기효용성이 높은 사람은 행동변화를 위해 보다 많은 운동 계획을 세우고 그것을 실천한다. 자기효험성을 증진시키면 건강에 대한 강한 자신감이 생긴다. 이들의 건강생활은 증진된다. 금주, 신체건강 운동, 다이어트, 치아관리, 안전벨트 착용습관의 자기효험성의 수준에 따라 그 특징이 크게 달라진다.

어떤 어려움을 정복한 경험이 있는 사람은 자기효험성을 신장시킨다. 따라서 성공을 경험한 사람들의 자기효험성이 증진되고 실패를 경험하게 되면 자기효험성이 떨어진다. 상대방이 어떤 일을 성공적으로 수행한다면 나도 그에 못지않게 성공적으로 수행할 수 있다는 생각이 든다. 그러면서 내 자신의 자기효험의 수준이 높아진다. 이와는 달리 상대방이 어떤 일에 실패하는 것을 보면 나의 자기효험성은 떨어진다. 이것이 곧 모델링의 효과이고 모방성 경험의 결과이다. 우리 자신이 모델과 유사할 때 그 효과는 더욱 두드러지게 나타난다.

자기효험성의 신념과 청소년 발달과 성장

자기효험성은 청소년의 여러 가지 행동결정 과정에서 긍정적 영향을 준다. 진로를 결정할 때, 대학에서 전공 과목을 결정할 때, 도전에 대한 준비를 할 때, 성취목적을 설정할 때, 수업의 진도를 결

제2부 주요 PYD 컨스트럭트 및 그 기능

정할 때, 학습 스타일을 결정할 때, 운동경기의 종목을 선택할 때, 개별 과제 수행 시 교사로부터 피드백을 받았을 때 자기효험성의 효과는 개인의 행동결과에 의해 평가된다.

PYD 프로그램에는 기술향상, 책임감, 원만한 대인관계의 향상 등이 내포되어야 한다. 자기효험성에서 신념의 기능은 개인뿐만 아니라 어떤 집단, 예를 들면 한 학급 전체의 기능 향상을 위해서도 널리 사용된다. 리더, 동료 학우, 담임교사도 자기효험성의 향상을 위한 기본적 조건으로 생각할 수 있다.

제3부

교육 · 애착 · 사회정서 학습

하브루타

애착심과 애착이론

애착대상의 다양성

사회정서학습

하브루타

아랍어인 '하브루타(Havruta)'는 우정, 동반자와의 관계와 같은 의미가 내포되어 있는 것으로 유대인의 전통 교육방법을 지칭한다. 유대인들이 그들의 경전인 『탈무드』를 학습하는 데에도 이 교육방법을 따른다.

[그림 3-1] 하브루타 시행 모습

출처: Brandies University. https://images.app.goo.gl/62SE3MsAybZVr7WT9

하브루타는 두 사람 이상이면 학습이 진행된다. 학습 대상의 나이, 성별, 사회적 계급을 초월하여 부모, 교사, 가족이면 학습은 진행된다. 한 사람이 문제를 제시하고 그 문제의 해결을 위해 질문을 주고받는 방법을 택한다. 이 과정에서 새로운 사실이 발견된다. 과정에서도 자기의 학습능력 향상에 역점을 둔다. 하지만 자신의 주장만을 고집하지 않아야 한다.

이 학습과정에서도 지식습득을 위한 의사소통에 역점을 둔다. 하브루타는 하나의 주제를 놓고 충분한 토론을 거치기 때문에 그것을 통해 지식의 두 가지 측면의 특징을 충분히 이해할 수 있다. 하브루타 교육방법의 우월성은 인터넷 기술 보급으로 인해 세계적으로 널리 보급되고 있다.

실제 교육장면에서는 하나의 과제를 놓고 두 사람이 서로 토론하는 과정에서 문제를 해결할 수도 있고, 때로는 문제에 대한 새로운 통찰력을 얻을 수도 있다. 자신은 물론 다른 사람의 논리적 사고 기능도 신장시킬 수 있다. 하브루타의 교육효과는 이미 입증되었고, 그것은 이미 역사적 기록에 남아 있다. 우선은 유대인 노벨상 수상자의 수가 하브루타 교육방법의 우월성을 입증해 주고 있다.

하브루타의 교육효과

1901년부터 2021년까지 120년간 노벨재단은 900여 개의 공공기관과 개인에게 노벨상을 수여하였다. 관련 자료를 자세히 분석해 보면 유대인 수상자가 23%를 차지하고 있다. 세계적으로 저명한 교수 중 40명, 세계 10대 부자 중 8명, 그리고 500대 기업 CEO 중 41명이 유대인이었다는 사실이 밝혀졌다. 이 자료는 유대인의 우수성을 입증한 것으로서 그 우수성을 하브루타의 교육이 뒷받침하고 있다는 주장은 어느 누구도 부인하지 않는다. 앞에서 소개한 바와 같이 노벨재단은 특수한 기관은 물론 특수한 공헌을 한 많은 개인에게도 상을 주었다. 그 가운데 한 사람으로 John von Neumann(1903~1957)을 들 수 있다. 그가 노벨상을 받은 일화는 뒷부분에서 자세히 소개하겠다.

Neumann은 헝가리 부다페스트 출신 미국 과학자로 수학적으로 큰 업적을 남겼다. 그는 수학은 물론 물리학, 화학 분야에 큰 업적을 남겨 위대한 과학자의 명성을 얻게 되었다. Neumann 이전의 컴퓨터는 단순히 자료를 보관하는 계산기의 기능뿐이었다. 컴퓨터를 단순한 계산기에서 뇌기능을 수행하는 논리기계로 변신시킨 것이 Neumann이다. 그는 1950년 중앙처리장치(CPU)와 기억장치(memory)를 결합하여 프로그램 내장 컴퓨터를 만들었는데, 그것이 곧 EDVAC(Electronic Discrete Variable Automatic Computer)이다. 이것을 바탕으로 현대 컴퓨터의 기능이 급진적으로 발달하였고, 오늘날 인터넷, 디지털 기술의 영역에서는 새로운 혁명적 기술을 활용할 수 있게 되었다. Neumann의 컴퓨터기능 혁명으로 우리는 자유롭게 그리고 다양한 프로그램을 개발하게 되었고, 그것이 오늘날의 기술문명 발달에 크게 기여하였다고 볼 수 있다.

Neumann이 이룩해 낸 컴퓨터 혁명의 뿌리는 그의 아버지 Mark Neumann의 철저한 하브루타식 교육에서 찾을 수 있다. 그는 철저한 하브루타 교육의 실천자였다. Neumann은 가정에서도 언제나 문제를 제시하고, 해결하고, 그 결과를 두고 아버지와 토론을 하고, 결과를 바탕으로 새로운 문제를 발견하고, 그것을 다시 토론하는 방식의 교육을 실천하는 과학자의 가정에서 출생 · 성장하였다.

애착심과 애착이론

애착심에는 여러 가지 감정이 포함되어 있다. 양호자와 피양호자 간의 정서적 유대관계는 낯선 사람이나 주위 환경에 대한 정신적 유대관계일 수도 있다. 성장하는 아이들은 본능적으로 어떤 대상과 긴밀한 관계를 유지하고 싶어 한다. 그것이 양호자일 수도 있고 주위 환경이 될 수도 있다. 성장하는 아이들은 양호자나 주위 환경과 밀접한 관계를 유지함으로써 사랑과 애착의 욕구를 추구해 나간다. 애착의 정서적 유대관계는 양육 환경이나 주위 환경에서도 흔히 느끼는 것으로 이를 통해서 선천적으로 타고난 애정의 욕구를 충족시킬 수 있다.

애착의 정서적 유대관계를 주장한 것은 John Bowlby(1907~1990)이고, 그와 뜻을 같이하여 그것을 하나의 이론의 틀로서 제공한 것이 Mary Ainsworth(1913~1999)이다. Bowlby는 기존의 애착이론을 보충하지 않고 진화생물학, 동물행동학, 발달심리학, 인지과학 그리고 제어통제이론의 지식을 바탕으로 Freud의 정신에너지모델에 도전할 만한 새로운 애착이론체계를 세웠다. 이러한 공로가 인정되어 Bowlby는 2002년 『*Review of General Psychology*』조사에서 20세기에 가장 많이 인용되는 심리학자 가운데 한 사람으로 선정되었다.

Bowlby는 영국의 아동정신분석학자이자 정신의학자이다. 그는 아동정신병학과 정신분석 전공으로 케임브리지 대학교에서 의사 자격을 취득했고, 제2차 세계대전 중에는 정신의학 장교로서 장교 선발 업무를 수행했다. 타비스톡 연구소의 정신과 의사로 일한 바 있는(1941) 그는 WHO에서 정신위생자문관의 업무를 수행(1950)하는 과정에서 가정문제가 있는 아이들, 특히 수용소 아동에게 정신문제가 심각하다는 사실을 발견하였고, 생후 1~3세에 애정의 욕구를 충족하지 못한 아이들은 별도의 아동보호소의 보호를 받아야 할 필요가 있다는 점도 발견하였다.

Bowlby는 바람직한 애착심 감정은 아동기의 발달은 물론 전 생애과정에 큰 영향을 준다고 주장하였다. 말년에는 오스트리아 빈 출신 동물행동학자 Konrad Lorenz(1903~1989)의 동물행동이론을 바탕으로 아동의 문제에 대한 새로운 해석을 시도하였다. 그의 주장에 따르면, 두 사람 간의 지나친 감정과 과잉보호는 무의식적 적개심을 야기하는 원인이 된다. 부모의 애정박탈을 경험한 아이들에서는 여러 가지 부정적 심리적 현상이 나타나는데, 특히 자아의 강도가 약하다. 또한 어머니의 애정박탈은 심한 불안수준을 높이는 결과를 가져온다. 성장하는 아이들은 애착대상이 눈앞에 나타나지 않으면, 특히 어머니로부터 강한 과잉

[그림 3-2] John Bowlby

제3부 교육·애착·사회정서 학습

보호를 받고 싶어 한다. 이는 아이에게 결코 도움이 되지 않는다. 이 점은 Freud 학파의 해석과 크게 다른 점이다.

성장하는 영유아의 정신건강 상태는 보호자의 도움의 질에 의해서 결정된다. 이 과정에서 아버지의 역할도 모성애의 비중만큼 크다는 사실을 Bowlby가 WHO에 건의하기도 했다.

Mary Ainsworth(1913~1999)는 Bowlby와 공동으로 애착이론을 개발한 토론토 대학교의 발달심리학자이다. 그녀는 토론토에서 성장하는 아이에게는 안정성의 감정이 중요하다는 사실을 연구하는 데 많은 시간을 보냈다. 또한 성장하는 아동의 정서적 안정성 연구를 위해 투사적 방법을 도입하였다. 그 연구방법은 후에 Bowlby와의 공동연구에 큰 도움을 주었다. Ainsworth는 Bowlby와의 연구에 앞서 불량자, 비행자, 무단 가출자에 대한 기록방법을 개발하는 데에도 크게 공헌하였는데, 연구자들에게 큰 도움을 주었다. 그 방법은 Anna Freud의 인정을 받아 짧은 시간이지만 한때 그녀와 함께 근무하기도 하였다. 이로 인해 Ainsworth와 Bowlby, Anna Freud의 관계가 동시에 훼손되었다고 볼 수 있다.

[그림 3-3] Mary Ainsworth

출처: TCNJ New Jersey. https://psychology.tcnj.edu/ainsworth/

애착대상의 다양성

동물은 자기를 부화시켜 또 다른 세계로 보내 준 어미는 물론 주위의 대상과도 쉽게 애착관계를 형성한다.

Harry Harlow(1905~1981)는 원숭이의 보호자와의 결별, 의존성욕구 그리고 사회적 격리의 심리적 특성연구에 크게 공헌한 미국 심리학자로 알려져 있다. 그의 주요 연구는 위스콘신 메디슨 대학교에서 수행되었다. Harlow는 여기서 인본주의 심리학자 Abraham Maslow와 만나 그로부터 많은 도움을 받았다. Maslow는 Harlow의 연구발전에 큰 영향을 주었다.

[그림 3-4] Harry Harlow의 원숭이 애착실험

제3부 교육·애착·사회정서 학습

Harlow의 독창적인 애착심리학의 이론체계는 그의 학습배경에서 찾을 수 있다. 그는 Lewis Madison Terman(1877~1956)의 학문적 배경을 바탕으로 초기 아동의 애착특성을 기록하기 위한 여러 가지 심리검사를 개발하였다. 그가 개발한 심리검사는 아동의 반응특성을 발견하는 데에 애착이론의 기초가 되었을 뿐만 아니라 사람의 음성, 발성 및 그 지각의 기능을 연구하는 발성교정(vocology) 연구의 기초를 제공했다. Harlow는 대리모 연구에서 영유아는 단순히 양육자와의 수유관계에 의해서 여러 가지 대상에 애착심을 가지게 된다는 사실을 발견할 수 있었다.

Konrad Lorenz(1903~1989)는 오스트리아 동물행동학의 창시자로 1973년에 노벨 생리학상을 수상하였다. 그의 주장에 따르면, 여러 가지 종에서 다양한 형태의 애착관계가 형성된다. 신생아는 생모는 물론 아버지, 형제, 주위의 성인들과도 쉽게 애정관계가 형성된다. 그는 연구를 통해 새끼오리가 자신의 부화를 도와준 사람과도 쉽게 애착관계를 형성한다는 사실을 발견하였다.

약사 자격(1928)을 취득한 그는 다양한 능력을 가진 학자이면서 소설가이기도 하다. 동물학 박사(1933)이기도 한 그는 쾨니히스베르크대학교의 심리학 교수(1940)이며,『솔로몬 왕의 반지』(1949)를 저술한 소설가로 이름을 남기기도 하였다.『동물문제의 연구법』(1951)의 저술자이기도 하다.

「오리와 거위 새끼의 합동 관찰」(1935)에서 새끼오리는 어미오리보다 부화를 도운 사람을 쫓아다니는 특성이 있음을 밝혔다. 이

[그림 3-5] Konrad Lorenz의 거위 각인

출처: University PASTOR. https://katherinemdabay.files.wordpress.com/2020/10/lorenz_goslings.jpg

는 새끼오리가 각인된 결과로 본다. 각인에 의한 애착관계 형성은 새끼거위에서도 쉽게 발견할 수 있다. 어미거위보다 최초의 실험자를 따라다니는데 이것도 역시 각인에 의한 애정관계의 현상이다.

모성애적 각인은 태아기를 전후해서 태내에서 이뤄진다. 거위의 임프린팅 모성애의 특징은 13~16일이 지나면 최초의 경험으로 되돌아가 최초에 경험했던 어미거위를 따라다니기 시작한다는 것이다. 종에 따라 각인되는 범위가 다르며, 새끼거위는 움직이는 사람에 쉽게 각인한다.

새끼물오리는 실험자의 몸 자세에 따라 각인 정도가 달라진다. 각인은 새끼의 추종반응뿐만 아니라 사회적 행동의 결정에도 큰 영향을 준다. 성적 각인의 결정적 시기는 어미를 따르는 각인과는 다르지만 시기적으로 매우 일찍 반응한다.

　동물행동에는 본능의 기능이 크게 작용한다. Lorenz는 거위, 오리는 태어나면서 처음 본 움직이는 동물을 어미로 인식하는 본능이 있다는 사실을 발견하였다. 각인되는 대상의 범위는 종에 따라 다른데, 새끼거위는 움직이는 대상이면 어느 것이나 각인한다. 새끼물오리는 보다 예민해서 훈련사가 일정한 정도로 몸을 굽히기만 해도 곧 그에 반응하는 경향이 있다.

사회정서학습

사회정서학습 모델은 청소년의 정보처리과정, 사회적 인지, 정서적 지능의 이론을 기반으로 한 치료 프로그램으로 개인특성을 신장시키고 청소년과 주위 환경이 보다 건설적 상호작용을 할 수 있게 도움을 준다. 사회정서학습 모델은 교육과정의 중요성을 강조하며 청소년이 보다 적절한 학교생활을 수행할 수 있게 도움을 준다. 이는 사회학습과 정서학습의 협동체로 구성되었다. 주요 프로그램의 내용과 기능은 다음과 같다. 즉, 자기각성, 자기관리, 사회적 감성, 관계형성 기술, 책임 있는 의사결정 기능이 포함되어 있다.

- 자기각성은 자기 자신의 사고, 정서, 신념은 물론 자신의 장점과 단점을 공평하게 탐색하는 기능이다. 이 영역에는 정서의 발견, 정확한 자기지각, 장점 인지, 자기믿음, 자기효험성과 같은 기능이 포함된다.
- 자기관리에는 자기 자신의 사고, 정서를 자기의 뜻에 따라 조정하고 자신의 목표를 효율적으로 성취하겠다는 동기가 내포된다. 여기에는 충동 조절, 스트레스 관리, 자기훈육, 자아동기, 목적 설정, 조직화 기술이 포함된다.
- 사회적 감성은 다른 사람을 이해하고 그에 동정을 베푸는 능

력을 말한다. 사회적 감성능력에는 동정심, 감사, 타인 존중과
같은 기능이 포함된다.

- 관계형성 기술은 다른 사람과 건전하고 건설적 대인관계를 형
  성하는 기술이다. 여기에는 의사소통, 팀워크와 같은 기능이
  포함된다.
- 책임 있는 의사결정은 다른 사람과 관계를 맺는 것으로 사회
  규범과 도덕성을 지키기 위해서 어떻게 행동할 것인가를 스스
  로 결심하는 능력이다. 이 과정에는 주제 발견, 사태 분석, 문
  제해결, 평가 · 반성, 윤리적 책임감이 포함된다.

사회정서학습 모델은 모든 청소년의 긍정적 발달모델 기능을
한다. 이론적으로 보면, 이는 Peter Benson의 발달과제, Richard
Lerner의 경쟁력기능, Richard Catalano의 심리사회적 기능의 개념
과 일치한다. 경험적 자료를 보면 사회적 · 정서적으로 기능이 보
장되는 아이들은 문제행동을 일으키지 않고 학교생활에 보다 성공
적으로 적응한다. 빈곤층 아이나 비정상적 행동을 하는 아이들은
사회적 · 정서적 기능의 향상으로 상태가 크게 호전되기도 한다.

사회정서학습 모델에는 직접적으로는 정서적 · 사회적 기능을
신장시키고 간접적으로는 학습환경을 개선하는 효과가 있다. 메타
분석 결과를 보면, 학교환경에서의 사회정서학습 치료는 학업성취
능력을 향상시키고 긍정적 사회활동이 향상되고 건강상태를 향상
시킨다. 특히 빈곤층 청소년에서 나타나는 긍정적 효과는 더 크다.

사회정서학습 모델 치료를 실시한 교사에게도 매우 큰 긍정적 효과가 나타난다. 교사는 보다 높은 수업 효과를 경험하게 되고, 직업 만족감을 성취할 수 있으며, 보다 큰 성취감을 얻을 수 있다. 따라서 교사가 경험하는 스트레스의 수준 역시 크게 감소한다.

제4부

주요 PYD 컨스트럭트
측정

Richard Catalano의 15 PYD 컨스트럭트

Richard Lerner의 5CS 컨스트럭트

Peter Benson의 40개 발달항목

Richard Catalano의 15 PYD 컨스트럭트

Richard Catalano의 15 PYD 컨스트럭트 및 그에 대한 조작적 정의는 다음과 같다.

① 리질리언스: 생활, 건강의 변화에 대한 적응능력

② 유대관계: 동료, 가족, 지역사회 및 문화의 정서적 애착

③ 사회기능: 성인과의 대인관계 기술을 향상하여 자신의 사회적 대인관계의 목적을 성취

④ 정서기능: 자기 자신과 타인의 정서적 특성을 인지

⑤ 인지기능: 문제해결, 의사결정, 논리적 사고, 자아 각성의 능력

⑥ 행동기능: 효과적인 의사소통의 능력

⑦ 도덕기능: 사태에 대한 윤리적·도덕적 관점에 대한 평가

⑧ 자발적 의사결정: 자기 스스로 생각하고 생각과 행동의 일관성 유지

⑨ 영성: 자연의 섭리, 신에 의존

⑩ 자기효험성: 자신의 노력으로 목표를 성취

⑪ 긍정적 자아 정체성: 통합된 자아감

⑫ 장애에 대한 믿음: 가능한 일에 대한 낙관성의 내면화

⑬ 긍정적 행동의 인지: 타인의 바람직한 행동에 대한 긍정적 인지

⑭ 친사회적 행동 참여: 다른 사람을 이롭게 하는 행동

⑮ 친사회적 규범: 젊은 층의 건전한 신념을 위해 발전 돕기

Richard Lerner의 5CS 컨스트럭트

Richard Lerner의 5CS 컨스트럭트는 다음과 같이 구성되며, 그 기능은 다음과 같이 조작적으로 정의된다.

(1) **지적 능력**에는 인지적 · 사회적 · 학구적 · 직업적성 능력이 포함된다. 인지적 능력에는 문제해결 능력, 논리적 사고, 의사결정과 같은 기능이 포함된다. 사회적 능력에는 갈등해결 능력과 같은 대인관계가 포함된다. 학구적 능력은 학교성적, 학교출석 그리고 시험결과에 의해 평가되기도 한다. 직업능력은 작업습관, 직업선택 능력에 의해서 평가되기도 한다. (2) **신뢰성**은 자신의 긍정적 가치와 능력에 대한 믿음을 의미한다. (3) **관계성**은 다른 사람, 다른 조직과의 관계를 의미한다. (4) **성격**은 도덕성, 올바른 행동에 대한 내적 가치, 그리고 사회적 · 문화적 규범 수용을 의미한다. (5) **돌봄**, 동정심은 다른 사람을 돌보고 동정심을 베푸는 것이다. 여섯 번째의 'C', 즉 '공헌의 요인'이 존재한다고 주장한다. 이는 5CS 기능을 갖춘 사람에게만 기대할 수 있다. Lerner 등에 따르면, 청소년 발달의 유연성은 곧 발달과정에 의해서 형성된다. 이 과정에서 긍정적인 발달과정을 경험하게 되고 행복한 삶을 누릴 수 있다고 본다.

Peter Benson의 40개 발달항목

Peter Benson의 40개 발달항목은 외적 평가항목과 내적 평가항목으로 구성되어 있다. 개인의 욕구와 환경적 요건이 개인의 발달을 측정하기 위한 척도로써 이는 내적 평가항목 20개와 외적 평가자료 20개의 항목으로 구성되어 있다. 이 척도의 타당성은 매우 높다는 것이 입증되었다. 30년에 걸쳐 300만 명을 대상으로 한 연구결과에서 평가점수가 높은 집단의 위험행동수준이 낮고 웰빙수준은 높아 장래의 성공이 보장될 수 있었다.

Benson의 40개 발달항목은 환경론에 기초한 것으로 개인의 욕구와 환경적 욕구의 결합이 개인의 발달효과의 기능을 촉진한다는 데 역점을 두고 있다. 그는 개인의 강도와 환경적 특성의 결합이 곧 개인의 건전한 발달을 촉진한다고 보았다. 여러 분야의 연구를 통합하여 40개의 발달평가로 구성되었다.

외적 평가항목

외적 평가항목은 발달환경의 긍정적 특성은 물론 여러 가지 사회화 과정과 관계되는 요인(가족, 학교, 이웃 등)이 포함된다.

- 지지: 주위에 있는 사람으로부터 정서적 양육을 받고자 한다. 여기에는 가족의 지지, 긍정적 가족 의사소통, 다른 성인과의 관계, 이웃사랑, 학교 분위기, 부모의 학교생활에의 참여 등이 포함된다.
- 권한인정: 청소년은 자기 스스로 가치를 가지고 있다. 청소년의 지역사회 자원으로서의 가치, 타인을 위한 봉사 등이 포함된다.
- 경계와 기대: 청소년의 행동에 대한 분명한 규범, 범죄 규정, 학교 환경, 이웃 환경, 성인의 역할 모델, 긍정적 동료의 영향, 높은 기대 등이 포함된다.
- 건설적 시간 활용: 청소년에게는 학교생활 외에 자기 스스로 즐길 수 있는 기회가 있다. 여기에는 창의적 활동, 청소년 프로그램, 종교 활동, 집에 머무는 시간 등이 포함된다.

Ⅰ. 지지

(1) 가족의 지지: 가족의 지지는 사랑과 지지의 감정을 신장시킨다.

(2) 긍정적 가족의 의사소통: 청소년과 그들의 부모는 긍정적으로 의사소통을 한다. 청소년은 부모로부터 도움을 받고 그들과 상담하기를 원한다.

(3) 다른 성인과의 관계: 청소년은 부모가 아닌 다른 성인으로부터 지지를 받는다.

(4) 이웃의 도움: 청소년은 이웃의 도움을 받는다.

(5) 학교 환경의 도움: 학교는 청소년에게 도움을 주고 격려를 한다.

(6) 부모의 학교생활에의 참여: 부모는 청소년의 학교적응을 위해 학교생활에 적극적으로 참여한다.

II. 권한인정

(7) 청소년의 가치: 지역사회로부터 청소년의 가치를 인정받는다.

(8) 자원으로서의 청소년: 사회는 청소년에게 유용한 역할을 부여한다.

(9) 타인에 대한 봉사: 청소년은 매주 1시간 이상 지역사회 봉사를 한다.

(10) 안정: 청소년은 가정, 학교, 이웃으로부터 안정감을 경험한다.

III. 경계와 기대

(11) 가족경계: 가족은 분명한 규칙이 있고 청소년의 소재를 챙겨야 한다.

(12) 학교영역: 학교는 분명한 규칙을 갖는다.

(13) 이웃영역: 이웃 사람들은 청소년의 행동을 감시한다.

(14) 성인의 역할모델: 부모와 성인은 청소년의 긍정적이고 책임 있는 행동의 모델이 된다.

(15) 긍정적 동료의 영향: 청소년의 좋은 친구는 책임 있는 행동의 모델이 된다.

(16) 높은 기대: 부모와 교사는 청소년의 선행을 부추긴다.

Ⅳ. 건설적 시간 활용

(17) 창의적 활동: 청소년은 주당 3시간 이상 음악, 연극 혹은 예술 분야에 시간을 활용한다.

(18) 청소년 프로그램: 청소년은 주당 3시간 이상 스포츠, 클럽, 지역사회 활동에 참여한다.

(19) 종교 활동: 청소년은 주당 1시간 이상 종교 활동에 참여한다.

(20) 집에 머무름: 청소년은 주당 2~3일 밤은 별일 없이 친구들과 집을 떠난다.

내적 평가항목

내적 특성항목은 개인의 경쟁능력, 기술 등을 포함하고 있으며, 다음의 네 가지 항목으로 분류된다.

• 학습참여: 청소년의 지속적 학습의욕과 성취동기, 학교생활 지속, 가정과 학교와의 유대, 독서의 즐거움을 평가한다.

• 긍정적 가치: 보살핌, 평등과 사회정의, 통합성, 정직, 책임감, 저항 등에 대한 건전한 생활결정을 돕는다.

• 사회적 경쟁력: 보다 효과적인 대인관계를 형성하고 새롭거나 도전적인 상태에의 적응능력을 말한다. 여기서는 계획 수립과

의사결정, 대인관계, 문화적 환경에의 적응, 평화적인 갈등해
결능력을 포함한다.
- 긍정적 자기 정체성: 자신에 대한 통제, 목적의 의미는 물론 자
  신의 감성과 잠재적 능력을 의미한다. 개인의 위력, 자기존중
  감, 목적의식, 개인의 장래에 대한 긍정적 견해 등을 포함한다.

I. 학습참여

(21) 성취동기: 청소년은 학교에서 보다 잘 지내고 싶어 한다.

(22) 학교생활: 청소년은 보다 적극적으로 학습에 참여한다.

(23) 과제: 매일 1시간 이상 과제를 수행한다.

(24) 학교 유대: 자신의 학교에 대해 관심을 갖는다.

(25) 독서: 매주 3시간 이상 쾌락추구를 위해 독서한다.

II. 긍정적 가치

(26) 보살핌: 남을 돕는 것을 값지게 생각한다.

(27) 평등 사회적 정의: 청소년은 평등성을 소장하고 기아와 빈
     곤을 퇴치한다.

(28) 통합성: 자신의 신념을 고수하고 그 수준을 높여 간다.

(29) 정직: 쉽지 않은 경우에도 진실을 말한다.

(30) 책임감: 자신의 책임감을 수용한다.

(31) 저항: 성행동을 자제하고, 알코올이나 약물 복용을 거부한다.

Ⅲ. 사회적 경쟁력

(32) 계획 수립과 의사결정: 미리 계획을 세울 수 있고 선택할 수
    있다.

(33) 대인관계: 동정심, 감수성, 우정 형성능력

(34) 문화적 기능: 문화적 배경이 다른 사람과 잘 어울린다.

(35) 저항의 힘: 친구의 부당한 주장에 저항한다.

(36) 평화적 갈등해결: 폭력 사용 없이 갈등을 해결한다.

Ⅳ. 긍정적 자기 정체성

(37) 개인의 위력: 자신에게 직면한 일을 스스로 해결한다.

(38) 자기존중감: 자존심의 수준이 높다.

(39) 목적의식: 나의 삶의 목적이 무엇인가?

(40) 장래에 대한 긍정적 견해: 자신의 장래에 대해 낙관적이다.

어느 학문 영역에나 고전이 있기 마련이다. 심리학의 영역도 예외는 아니다. 심리학의 고전이라면 William James(1842~1910)의 『*Principles of Psychology*』이다. 이는 1890년에 두 권으로 출판되었다. 이에 못지않게 역사적 의미를 가진 것으로 Granville Stanley Hall(1844~1924)의 『*Adolescence: It's Psychology and It's Relations Physiology, Anthropology, Sociology, Sex, Crime, Religion and Education*』이다. 이는 1904년에 두 권으로 출판되어 고전의 자리를 지키고 있다.

이 책에 대해 어떤 독자는 '황홀하다'라고 평가하는가 하면, 다른 독자는 '넌센스'라고 평하고 있다. 두 입장의 평가는 모두 타당하다. 평가의 질은 문제될 수 없기 때문이다. 여기서는 황홀하다고 평가한 입장을 살펴보자. 두 권의 책에 심리학은 물론 여기서는 8개 전문 분야의 지식을 소개한 책을 보면 그 자체가 황홀하지 않을 수 없다. 보다 황홀한 것은 그가 오늘날 심리학자, 특히 청소년 심리학자들이 토론하고 주장하는 것을 주제로 100여 년 전에 이미 다뤘다는 점이다. 더 놀라운 사실은 그가 다룬 청소년의 문제가 100여 년 후의 청소년심리학자들이 토론하고 출판한 것과 유사점이 적지 않다는 점이다.

이 매뉴얼에 저자는 Hall이 100여 년 전에 발표한 사실이 오늘날 청소년 연구자들이 발표한 사실과 놀랍게도 일치한 것에 대해 몇 가지 주제를 비교 소개하였다. 이 매뉴얼에 소개된 자료가 불만스럽거나 보다 많은 문제에 관심이 있는 독자에게 도움이 되리라고 믿는다.

우울증

우울증의 발병률은 청소년기에 보다 높다. 우울증의 발병 그래프를 그려 보면 11세에서부터 점진적으로 증가하여 15세까지 지속한다(Hall, 1904, Vol. 2, 77). 우울증의 발병은 청소년기의 중간에 절정에 이른다는 주장과 일치한다(Petersen et al., 1993).

우울증은 자기경멸 감정의 발로로 자기실망감을 극복하기 위한 행동이다(Hall, 1904, Vol. 2, 78). 사회적 인지기능이 발달하면서 외부 사물보다는 자기비판에 열중하면서 자신과 타인을 비판한다(Hall, 1904, 314). 청소년의 사고기능이 발달하면서 표면적 현상에 만족하지 않고 내면세계의 비밀을 탐색하기를 선호하는 경향이 있다. 따라서 친구 간에 혹은 학교에서 일어나는 일도 그냥 보고 넘기는 것이 아니라 이면의 세계를 알아보고 싶어 한다(Larson & Richards, 1974, 86-87).

범죄

청소년의 범죄는 12~14세에 급증한다(Hall, 1904, Vol. 1, 325). 이 범죄 그래프는 현대 범죄심리학자의 범죄 그래프와 매우 유사하다. 그의 그래프를 분석해 보면, 범죄 발생률은 청소년기에 점진적으로 증가하다가 18세에 절정에 이르러 급작스럽게 감소되는 경향이 있다(Gottfredson & Hirschi, 1990).

Hall은 범죄자를 반범죄자와 평생 지속되는 비행으로 분류하였다. 전자는 초기에는 정상 아동과 다름없이 행동한다. 후자는 유전적 조건이 불량하고, 불건전한 아동기를 경험한 것이 주요 요인으로 작용한다(Hall, 1904, Vol. 1, 401).

Moffitt(1993)는 비행소년을 청소년기 한정형과 평생 지속형으로 구분하였다. 청소년기 한정형 비행소년의 행동은 청년기 초기와 후기에 크게 다르지 않다. 그러나 평생 지속형 청소년의 행동은 청소년기에 나타나면 평생을 두고 지속된다.

센세이션 시킹

Hall은 '센세이션 시킹'이라는 용어는 쓰지 않았지만, 청소년은 단조로운 것, 관행적인 행동을 견디지 못한다(Hall, 1904, Vol. 1, 368). 그들은 늘 새로운 감흥을 추구한다(Hall, 1904, Vol. 2, 2). 이러한 추구가 실패하면 성을 추구하고 약물을 섭취한다(Hall, 1904, Vol. 2, 24). 센세이션 시킹 특성은 20대 초반의 청소년의 행동특성과 유사하다(Arnett, 1994; Zuckerman, 1995).

영상매체

요즘 영상매체는 청소년을 황홀감과 영웅의 매력에 빠뜨린다. 이는 청소년을 흥분하게 만든다(Hall, 1904, Vol. 2, 478). 하지만 자기의 행복은 이런 자극적인 것이 아니라 친구에게 달려 있다(Hall, 1904, Vol. 1, 84). 이와 같은 사실은 청소년은 친구를 좋아한다는 것을 말해 준다(Larson & Richards, 1994).

Hall은 인간의 생물학적 발달에 깊은 관심을 가지고 있다. 사지는 다른 신체부위보다 일찍 발달한다(Hall, 1904, Vol. 1, 62). 이와 같은 사실은 Eveleth와 Tanner(1990)의 연구결과와 매우 일치한다. 신체는 팔, 어깨, 팔꿈치의 순으로 발달한다(Hall, 1904, Vol. 1, 66). 신체적 성장에서 여자가 남자보다 1~2년 빠르다(Hall, 1904, Vol. 1, 24). 이때 여자의 키는 남자보다 크다. 키는 14~15세에 급작스럽

에필로그

게 성장한다(Hall, 1904, Vol. 1, 8).

뇌의 발달

Hall은 EEG나 MRI가 없었던 시대에 뇌의 비밀을 파헤쳤다(1904, vol. 1). 뇌 세포는 출생 당시 형성되어 12~14세에 전체 무게가 형성된다. 지능은 뇌 세포에 의해 결정되는 것이 아니고 뇌 세포에 연결되는 섬유질/신경세포의 수지상 돌기에 의해서 결정되며, 사춘기에 최고로 발달된다(Giedd, 2002).

참고문헌

Arnett, J. (1994). Sensation seeking: A new conceptualization and a new scale. *Personality and Individual Differences, 1994, 16*, 289-296.

Eveleth, P., & Tanner, J. (1990). *Worldwide variation in human growth*. New York: Cambridge University Press.

Giedd, J. (2002). The teen brain. Paper presented a party of the medicine for the public. National Institutes of Health, Bethesda, Maryland.

Gottfredson, M. T., & Hirschi, T. (1990). *A general theory of crime*. CA: Stanford University Press.

Larson, R., & Richards, M. (1994). *Divergent realities: The emotional lives of mothers, fathers, and adolescents*. New York: Basic.

Moffitt, T. (1993). Adolescence–Limited and Life–Course–Persistent Antisocial Behavior: A developmental taxonomy. *Psychological Review*, *100*, 674–701.

Petersen, A. et al. (1993). Depression in adolescence. *American Psychologist*, *48*, 155–168.

Zuckerman, M. (1995). *Behavioral expression and psychological bases of sensation seeking*. New York: Cambridge University Press.

에필로그

인명

방정환 18

Ainsworth, M. 127

Arnett, J. 152

Bandura, A. 41, 113

Barker, R. 41

Baumeister, R. 19

Benson, P. 23, 135

Bleuer, M. 30

Bowlby, J. 94, 127

Bronfenbrenner, U. 42

Carskadon, M. 110

Catalano, R. 135

Darwin, C. 41

de Bono, E. 68

Desy, E. 89

Erickson, E. 94

Erikson, R. 20, 51, 109

Eveleth, P. 152

Frankl, L. 108

Freud, S. 20, 109

Garmezy, N. 22, 31

Gibson, J. 41

Giedd, J. 153

Gottesman, I. 31

Gottfredson, M. 151

Hall, G. S. 20, 149, 150, 153

Harlow, H. 130

Hellpach, W. 41

Hirschi, T. 151

Horney, K. 109

James, W. 149

Kohlberg, L. 82

Larson, L. 11

Larson, R. 151, 152

Lerner, R. 135

Lorenz, K. 128, 131

Maslow, A. 130
Moffitt, T. 151
Murphy, L. 31

Peterson, C. 104, 150

Redl, F. 14
Richards, M. 151, 152

Rutter, M. 31

Seligman, M. 21, 104,
107

Tanner, J. 152
Terman, L. 131

von Neumann, J. 125
Vygotsky, L. 42

Werner, E. 22, 32
Wordsworth, W. 41

Zuckerman, M. 152

내용

EDVAC 125
Peter Benson의 40개 발
    달항목 142
PYD 24, 104, 119
Richard Catalano의 15
    PYD 컨스트럭트 88,
    139
Richard Lerner의 5CS 컨
    스트럭트 141
VIA 분류체계 104

각성 102
갈등 112
감동 16
개인 21, 43
거시체계 43
건강증진 운동 118

겸손 76
공리주의 86
과외활동 35
과제수행 117
광란 110
국가정체감 52
규칙 습득 51
규칙준수 51
긍정적 성격 73
긍정적 심리학 21, 94,
    107
긍정적 청소년 발달 11,
    44
기본권리 86
기분장애 110
기억장치 125
기회주의적 낙관주의 83

기회주의적 쾌락주의 82

낭만적 사랑 47
노벨상 수상자 124
노벨재단 124
논리적 사고 69
뇌의 발달 153

다국적 관점 54
다양성 21
덕목 104
데이트 47
도구적 목적 82
도덕검사 82
도덕기능 81, 88
도덕적 행동 79
동기 90

동물행동이론 128
동물행동학 131
동정심 82
동조성 84

리질리언스 22, 29, 33, 35

모성애 61
모호성 68
문화적 환경 34
물리적 환경 34
미국심리학회 29
미시체계 43

발달단계 44
발성교정 131
범죄 151
변화기 15
복종 82
부모-자녀 관계 45
부정적 정서 111
비교문화 심리학자 93
비판적 사고 66, 67, 68
비행 111

사고 65
사고기능 150
사회기능 50, 55

사회문화적 요인 109
사회발달 연구그룹 26
사회생물학 84
사회적 규범 52
사회적 양심 52
사회적 인지기능 150
사회적 인지이론 114
사회적 학습 이론 102
사회정서학습 134
사회화 기능 52
사회환경 109
생태학적 이론체계 41
생태환경체계 이론 12
섬유질/신경세포의 수지
    상 돌기 153
성 비행 16
성격 104
성격강도 104, 107
성격강점 이론 12
성욕이론 20
세계시민 53
세계적 관점 53
센세이션 시킹 152
소속 51
시민권 51, 54
신기성 68
신앙발달 모델 101
실존심리학 108
심리사회적 발달이론 101

애착관계 131
애착대상 130
애착심 50, 127, 128
애착심리학 131
애착이론 127
양심 74
어린이 18
역경 32
역사 교육 53
영성 97, 99, 100, 102
영웅숭배 16
예방과학자 25
오리와 거위 새끼의 합동
    관찰 131
외부체계 43
용기 74
용서 프로그램 훈련 104
우울증 108, 150
위험행동 111
유교의 문화 86
유대관계 40, 44, 48
유연성 21
의료 및 진료 사회조직 24
의사결정 기능 95
인본주의 심리학 108
인지기능 58, 65, 66, 69, 70
인지이론 114
일차적 집단정서 84

자각 96
자기중심 15
자기중심성 82
자기효험성 113, 115,
    116, 118
자녀양육 방식 45
자동적 동기 92
자발적 의사결정 89, 90,
    92
자선 74
자율성 75
자율성의 욕구 91
자율적 지지 93
정보처리과정 77
정서 79
정서기능 57, 58, 59, 62,
    64
정서발달 60
정서인지기능 58, 63
정서적 유대관계 127
정서지능 59
정신적 친근함 47
정체성 16
제로섬 게임 83

존경 75
존재/실존심리학 107
종교 98
중간체계 43
중앙처리장치 125
지능 63, 74, 94
지역사회 48
질적 교육 71
집단동조 51

창의적 사고 66, 67, 68
책임감 75
천연성 76
청소년 97, 102
청소년 발달 55
청소년-교사역할 프로그
    램 39
청소년기 15
추리 66
충성심 76
친구 45
친사회기능 55
친사회적 가치 48
친사회적 행동 54

컴퓨터기능 혁명 125

탈무드 123
통찰력 124

판단 66
프로그램 내장 컴퓨터
    125

하브루타 123
학교환경 46
학습이론 114
학습장애 46
행동결정과정 77
행동기능 73, 78
행복수단 지향적 사회적
    체계 85
현실성 16
형식적인 조작기 69
혼합접근법 72
환경심리학 40

찾아보기

저자 소개

이현수(HyunSoo Lee)
서울대학교 문리과대학 심리학과 졸업
서울대학교 대학원 심리학과 졸업
런던대학교 대학원 심리학과 졸업
전 국립정신병원 임상심리과장
　　텍사스대학교 의과대학 정신의학 및 행동과학과 연구교수
　　중앙대학교 문리과대학 교수
현 중앙대학교 사회과학대학 심리학과 명예교수

〈저서〉
임상심리학(박영사, 1973, 1977, 1984, 1990, 1994, 2000, 2012)
이상행동의 심리학(대왕사, 1976, 1985, 1990, 1995, 2002, 2012)
한국판 아이젱크 성격검사(중앙적성출판사, 1985; 학지사, 1997, 2012)
성격과 행동(학지사, 2001)
긍정적 심리학(시그마프레스, 2008)
역경 속의 성장(학지사, 2009)
웃음: 영장류의 한 비밀(나노미디어, 2009)
근거중심의 정신병리학(하나의학사, 2016)
사이코패스(학지사, 2019)
습관과 중독(박영스토리, 2019)
현대인의 중독심리(싸이앤북스, 2019)
성격강도에 기초한 긍정적 심리치료(학지사, 2021)

〈역서〉
마음의 병: 신경증(H. J. Eysenck 저, 대왕사, 1979)
정신세계의 병리와 해부(V. Frankl 저, 양영각, 1983)
파블러프와 조건반사(J. Gray 저, 우성문화사, 1986)
제이콥슨 박사의 긴장이완법(E. Jacobson 저, 학지사, 1995)

[한국판]

긍정적 청소년 발달 매뉴얼
Positive Youth Development Manual

2022년 9월 20일 1판 1쇄 인쇄
2022년 9월 30일 1판 1쇄 발행

지은이 • 이현수
펴낸이 • 김진환
펴낸곳 • ㈜ **학지사**

04031 서울특별시 마포구 양화로 15길 20 마인드월드빌딩
대표전화 • 02-330-5114   팩스 • 02-324-2345
등록번호 • 제313-2006-000265호

홈페이지 • http://www.hakjisa.co.kr
페이스북 • https://www.facebook.com/hakjisabook

ISBN 978-89-997-2766-5 93180

정가 14,000원

출판미디어기업 **학지사**

간호보건의학출판 **학지사메디컬** www.hakjisamd.co.kr
심리검사연구소 **인싸이트** www.inpsyt.co.kr
학술논문서비스 **뉴논문** www.newnonmun.com
교육연수원 **카운피아** www.counpia.com